庶民的思维

——马克思生平及社会理想

□ 丁海堂 李存友 主编

山东人民出版社
国家一级出版社 全国百佳图书出版单位

图书在版编目（C I P）数据

庶民的思维：马克思生平及社会理想/
丁海堂，李存友主编. --济南：山东人民出版社，2024.4
ISBN 978-7-209-15115-3

Ⅰ.①庶... Ⅱ.①丁...②李... Ⅲ.①马克思（Marx，Karl 1818-1883）-生平事迹②马克思主义-发展-研究Ⅳ.①A712②A81

中国国家版本馆CIP数据核字（2024）第087724号

庶民的思维——马克思生平及社会理想
SHUMIN DE SIWEI——MAKESI SHENGPING JI SHEHUI LIXIANG
丁海堂　李存友　主编

主管单位　山东出版传媒股份有限公司
出版发行　山东人民出版社
出 版 人　胡长青
社　　址　济南市市中区舜耕路517号
邮　　编　250003
电　　话　总编室（0531）82098914
　　　　　市场部（0531）82098027
网　　址　http://www.sd-book.com.cn
印　　装　济南精致印务有限公司
经　　销　新华书店

规　　格　16开（170mm×240mm）
印　　张　12.5
字　　数　153千字
版　　次　2024年4月第1版
印　　次　2024年4月第1次
ISBN　978-7-209-15115-3
定　　价　68.00元

序言

在人类历史的长河中，有无数思想家和科学家为我们的社会进步和知识积累做出了卓越的贡献。在这些光辉的人物中，卡尔·马克思以其深刻的思想洞察力和无与伦比的热情，成为影响现代世界的最伟大的思想家之一。他的思想体系，包括马克思主义哲学、政治经济学和科学社会主义三大部分，马克思的思想深刻影响了全世界国际共产主义运动的进步和发展。

为了特别纪念卡尔·马克思这一在19世纪晚期欧洲最具有影响力的思想家和社会变革者，为了让广大读者更全面、更深入地理解马克思主义，从而更好地理解当今世界和社会，作者经过在长期实际工作中的不断积累，编写了《庶民的思维——马克思生平及社会理想》一书。

本书旨在全面深入地介绍马克思的思想体系和他的主要贡献。本书的篇章是根据马克思的生平及思想发展的时间线来安排的。从马克思的政治活动、人物交往、漂泊轨迹、生活轶事，到马克思从事革命活动、著书立说的艰辛付出与经济支撑等各方面，都做了具体叙述。在介绍马克思生平基础上，本书着重阐述了马克思的著作文章和思想体系，并对马克思一生所运用的思维方法进行了初步探索。真诚希望每位读者能够从本书中得到启发与收获，加深对伟大革命导师的认识、了解。

在马克思之前，许多思想家和改革家都曾尝试解决社会问题，提出过各种关于理想社会的构想。然而，这些构想往往只是停留在理论层面，无法真正解决现实问题。马克思的伟大之处在于，他揭示了人类社会发展的规律，指出了人类社会发展的方向，为人类社会的发展提供了科学的指导。

马克思的思想不仅影响了当时的欧洲社会，还对全球范围内的社会变革产生了深远的影响。他的思想成为许多国家无产阶级革命的理论基础，对世界各地的工人运动和社会主义运动产生了巨大的推动作用。他的思想犹如明亮的灯塔，照亮了人类探索历史规律和寻求自身解放的道路。

马克思的理论揭示了人类社会的发展规律，为我们认识世界提供了科学的视角。马克思主义哲学、政治经济学和科学社会主义理论，为人类社会的发展提供了重要的思想武器。他的哲学思想改变了人们对世界的看法，使人们更加深入地认识自己和世界；他的政治经济学理论揭示了资本主义社会的本质和规律，使人们更加清晰地认识资本主义社会的优缺点；他的科学社会主义理论指出了人类社会发展的方向，使人们更加明确地认识到社会主义的优越性。

马克思的思想是人类社会发展的重要指导思想，是我们认识世界、改造世界的宝贵财富。对领导干部来说，马克思主义这个看家本领掌握得越牢靠，政治站位就越高，政治判断力、政治领悟力、政治执行力就越强。2018 年 5 月 4 日，习近平总书记在纪念马克思诞辰 200 周年大会上的讲话中指出：“马克思是顶天立地的伟人，也是有血有肉的常人。他热爱生活，真诚朴实，重情重义。”“两个世纪过去了，人类社会发生了巨大而深刻的变化，但马克思的名字依然在世界各地受到人们的尊敬，马克思的学说依然闪烁着耀眼的真理光芒！”

他的伟大不仅在于他的理论贡献，更在于他的远见卓识和实践精神。他不仅提出了理论，还积极投身于社会实践，为人类社会的进步作出了巨大的贡献。他的思想不是纸上谈兵，而是付诸实践，为工人运动、社会主义和共产主义事业的发展提供了重要的推动力。

马克思有一句名言：“批判的武器当然不能代替武器的批判，物质力量只能用物质力量来摧毁；但是理论一经掌握群众，也会变成物质力量。”空想社会主义运动的失败就是因为缺乏先进理论的指导。巴黎公社的革命号角，苏联社会主义建设的伟大成就，特别是以毛泽东同志为代表的中国共产党人开拓的中国社会主义事业的蓬勃发展，从这里，马克思主义从理论走向了实践。

马克思不但有伟大的思想，也是一个有血有肉的人。正是这样有血有肉的马克思,孕育了改变世界的思想之光。所以我们要读懂马克思主义，不仅要阅读马克思的经典著作,也要阅读马克思本人,了解马克思的生平，读懂马克思的一生和他经历的喜怒哀乐。最为管用的办法，是直接阅读马克思生平及著作，这就是我们编写此书的初心和使命。

最后，我们呼吁读者阅读和研究马克思的思想。他的思想不仅是历史的遗产，也是我们面对未来挑战的武器。通过深入了解马克思的思想，我们可以更好地理解这个世界，更好地理解我们自己；要更加自觉、更加刻苦地学习马克思列宁主义，学习毛泽东思想、邓小平理论、“三个代表”重要思想、科学发展观，学习习近平新时代中国特色社会主义思想，把科学思维与理论转化为推动高质量发展的强大精神动力。希望读者在这本书中找到启发和价值。

潍坊学院教授

CONTENTS 目 录

一、求学成长

二、流亡岁月

三、艰辛付出

四、人物交往

五、生活轶事

六、思想体系

七、科学思维

八、著作文章

附录：马克思年表

一、求学成长

（一）快乐的特里尔孩子

1818年5月5日凌晨2时，德国特里尔城布吕肯巷664号住宅的房间里，一个名叫亨利希的律师家里诞生了一个男婴，这个男婴，就是马克思。那一刻，可能谁也想不到，一个极其平常的夜晚，一个极其普通的人家，诞生了一个在世界历史上掀起波澜的伟人。

特里尔这座城市很特别，在马克思出生之前，拿破仑战争时期，它被划归法国，并且依照法国大革命的基本原则进行管理。因此在相当长一段时间里，特里尔都浸润在言论自由、契约自由、民事权利平等、保护私有财产的宽松氛围中，这种氛围是德国其他任何地方都没有的。在马克思出生前4年，特里尔回归普鲁士，但这里依旧是德国自由主义最为活跃的地区，是整个德国最早出现法国空想社会主义思想的城市之一。社会环境对个人成长的影响也不亚于家庭环境，在特里尔特

马克思的出生地德国特里尔布吕肯巷664号

殊的社会环境中成长起来的马克思，似乎从小就在心里埋下了用批判的眼光观察社会的种子。

马克思是家中的第三个孩子，前面有一兄一姐，但在他出生后不久，哥哥夭折了，他成了家中的长子。后来他又有了两个弟弟和四个妹妹。马克思的两个弟弟都早早地死于肺结核，他的两个妹妹也是这样。关于马克思孩童时代的情况人们所知甚少，其中大部分信息来自他的这些妹妹们。在妹妹们的回忆中，马克思顽皮起来会“把她们当作他的马”从山坡上“驱赶下来”，会用脏手拿着肮脏的生面团做成的“蛋糕”喂给她们吃。但聪明的马克思，总会在恶作剧后讲述动人的故事，让妹妹们不至于真的生气。

每个人的童年都有属于自己的欢乐时光，对于小卡尔来说，最愉快的事情就是晚饭后听父亲亨利希朗读睡前读物，那都是当时最著名的文学作品，有法国启蒙运动的代表人物伏尔泰和卢梭的文章，也有德国古典主义的歌德和席勒的诗歌。每天晚上，在客厅华丽台灯的明亮光辉下，壁炉上的小小金钟滴答滴答地响，小卡尔就趴在父亲的身边，听他声情并茂地朗读一篇又一篇的启蒙读物，这无形中为马克思带来了潜移默化的良好教育。

马克思的母亲罕丽达·普雷斯堡则出身荷兰裔犹太贵族，带着丰厚的嫁妆来到特里尔，据说光现金就相当于特里尔一个普通手工业者工作三四十年的收入了，加上父亲体面的工作、稳定的收入，这些都无疑为马克思和他的兄弟姐妹们创造了很好的生活环境。罕丽达一辈子规规矩矩、相夫教子，被人评价为“一个典型的荷兰主妇，为家庭贡献了一生”。马克思聪明伶俐，充满朝气。他尤其敬重自己的父亲，不但一直随身携带父亲的相片，在往后外出求学的过程中也经常与父亲来往书信，汇报思想动态，交流情感。

（二）树立一生的远大理想

17 岁的马克思是特里尔中学的一名中学生。他的校长兼德文老师胡果·维滕巴赫让中学生们写一篇讨论自己未来理想职业的文章的时候，许多同学还不知道自己以后要做什么，所以也只是“随便谈谈自己的想法”。但是马克思不一样，他写作了《青年在选择职业时的考虑》。200 多年后，人们依然熟知，甚至依然能背诵的那段话便出自此文——“如果我们选择了最能为人类福利而劳动的职业，那么，重担就不能把我们压倒，因为这是为大家而献身；那时我们所感到的就不是可怜的、有限的、自私的乐趣，我们的幸福将属于千百万人，我们的事业将默默地、但是永恒发挥作用地存在下去，面对我们的骨灰，高尚的人们将洒下热泪。”

在这个年纪，马克思已经从这里出发，开始讨论远远超出了世俗的观点和认识。这仅仅是一篇中学生作文，当然还不是马克思的成熟之作，在马克思的思想宝库里，也不占有非常重要的位置。但我们从这篇作文中，可以看到马克思在青年时期就有了宽广的胸怀，树立了为人类的幸福而献身的远大理想。《马克思传》的作者梅林对此赞扬道，马克思“这个人在青年时代就已经是一个了不起的人，他把自己的全部身心献给了争取真理的斗争，他表现出如饥似渴的求知欲，无穷无尽的精力，无情的自我批评精神，和那种只要情感迷失方向就能压倒情感的战斗精神”。

17 岁的马克思按照家人的意愿，选择了波恩大学法律专业。进入大学，终于可以摆脱父母的唠叨！马克思像出笼的小鸟满心狂喜，他第一年的大学生活充满了年轻人的躁动与轻狂——他参加特里尔同乡会，与贵族学生发生争执，携带被禁止的武器，参与喝酒、决斗，甚至被关过禁闭。

他迷恋于创作浪漫主义文学，还经常给父亲寄去自己创作的诗歌作品。这时马克思的父亲因为肝病身体很差，还要为马克思的成长而操心，他写信给马克思批评他“杂乱无章、漫无头绪地踯躅于知识的各个领域，在昏暗的油灯下胡思乱想，蓬头乱发，虽不在啤酒中消磨放任，却穿着学者的睡衣放荡不羁；离群索居、不拘礼节甚至对父亲也不尊重”。此外，马克思大手大脚地花着父亲的钱，在当时，最富有的人一年的花销也不过五百塔勒，但马克思一年要花掉七百，这让他的父亲伤透了脑筋。

1836 年 10 月，马克思踏上了前往柏林的求学道路，他对此仍然心存芥蒂，并不情愿。因为无论是马克思生活过的特里尔还是波恩，都属于德国西部，而柏林属于东部，在当时，西部远远比东部繁华。因此，马克思不太愿意去一个相对落后的陌生的地方独自生活。到了柏林以后，马克思在写给父亲的信中提道：“到柏林去旅行我也是淡漠的，要是在别的时候，那会使我异常高兴，会激发我去观察自然，还会燃起我对生活的渴望。这次旅行甚至使我十分难受，因为我看到的岩石并不比我的感情更倔强、更骄傲，广大的城市并不比我的血液更有生气，旅馆的饭食并不比我所抱的一连串幻想更丰富、更经得起消化，最后，艺术也不如燕妮那样美。”尽管有一百个不情愿，尽管要与燕妮异地恋，但是最终马克思在清静的柏林大学校园里，彻底变成了一个“学霸”。

马克思的转变与柏林大学的整体氛围是分不开的。转学之后，马克思“敞开肚皮读书”，他广泛阅读了法学著作。他参加了一个叫“博士俱乐部”的团体，这个俱乐部里有“一些有抱负的青年人，他们大多已经完成了学业。那里充满着理想主义、对知识的渴望和自由的精神”。他们“最多的精力仍然是致力于黑格尔哲学”。

不幸的是，两年之后，马克思的父亲去世了，再也无法批评和唠叨马克思了。这对于马克思来说是个终生的遗憾，马克思离家求学的过程中，追求过诗歌、爱情、哲学，却唯独与家庭渐行渐远。

1840年，普鲁士新国王腓特烈·威廉四世即位，迫害自由主义民主人士，要求所有出版物都必须通过严格审查，大学失去学术自由，新国王任命的柏林大学教授将会审查马克思的博士论文，但马克思博士论文里哲学高过神学的立场不可能被接受，所以马克思将博士论文改寄给萨克森—魏玛—艾森纳赫大公国的耶拿大学审查博士资格。1841年马克思以论文《德谟克利特的自然哲学和伊壁鸠鲁的自然哲学之区别》申请学位，并因得到委员会一致认可，未进一步答辩而顺利获得耶拿大学哲学博士学位。

（三）第一份正式工作

父亲亨利希的去世导致马克思的家庭收入大大减少，在毕业后尽快找到一份工作成了马克思的当务之急。1841年秋天，马克思开始积极参与报纸的创办工作。《莱茵报》创刊于1842年1月1日，由莱茵省的大资产阶级出钱创办。报纸的筹办工作交给了“青年黑格尔派”报人。马克思刚开始当撰稿记者，1842年10月，马克思担任了《莱茵报》编辑，主持整个报纸。此时的马克思已经成为青年黑格尔派中一位举足轻重的人物了。这也使他第一次走出了舒适的中产阶级，第一次离开了悬浮于半空的象牙塔，看见了贫困的底层民众。

当时，莱茵省议会正在讨论一项名叫《林木盗窃法》的新法案。这项新法案的目的是要惩罚那些到森林里捡枯枝来生火做饭、维持生计的人，因为在土地私有者看来，未经允许私自捡拾森林里的枯枝，就是盗窃。面对省议会和土地私有者的步步紧逼，年轻气盛的马克思挺身而出，为保卫“政治上和社会上备受压迫的贫苦群众”而进行了尖锐的批评。正是在积极参与关于《林木盗窃法》的辩论过程中，马克思看到了基于物质利益的阶级之间的冲突，并清醒地认识到，普鲁士绝不是黑格尔所说的什么“理想国家”。这动摇了他对黑格尔的信仰。

《莱茵报》在马克思手中变得极具活力与攻击力。该报的一位撰稿人曾这样描写道：“普鲁士和德意志拥有的一切年轻的、有新鲜自由思想或者革命思想的天才都到这里避难来了。他们使用各式各样的武器，进行斗争，庄重、嘲弄、博学、通俗，今天用散文，明天用诗歌，为着共同的目标而结合一起，书报检查官和警察与他们的争斗是徒劳的……”1842年的最后几个月，《莱茵报》扬名全国，发行量比原来多了一倍多。在马克思的领导下，报纸的影响力愈来愈大，“叛逆”倾向也愈来愈明显，因此很快就触怒了当局。在当局的施压下，1843年3月17日，马克思在报纸上发表声明，退出《莱茵报》。

《莱茵报》时期虽然短暂，却是马克思思想发展的一个关键时期。其间，马克思在《莱茵报》发表了《评普鲁士最近的书报检查令》《关于林木盗窃法的辩论》《摩泽尔记者的辩护》等文章。从这些文章中可以窥见，马克思公开站在政治上和社会上备受压迫的贫苦群众的一边，竭力维护他们的权利，表明他力图变革社会政治制度、实现人民自由的诉求。

马克思事业受挫，而这时燕妮刚失去了她的父亲，两个失意的年轻人，在他们订婚 7 年后，终于在 1843 年 6 月 19 日结婚了。他们享受了一次沿着莱茵河的蜜月温泉旅行。不久之后马克思带着燕妮开始了他的流亡岁月。

二、流亡岁月

（一）马克思在巴黎

1843 年 10 月，马克思带着燕妮开始了他流亡的第一站，当时欧洲的流亡之都——巴黎。被各自国家驱逐的人士都汇聚到了这里，马克思在这里找到了很多志同道合者。

退出《莱茵报》后，到国外去的念头占据了马克思的脑海。就新闻出版业来说，马克思在德国的多种选择实际上已经是不可能了。和卢格多次讨论之后，他们决定在国外办一份德文刊物。1844 年 2 月底，《德法年鉴》在巴黎出版。由于当时卢格患病，创刊工作几乎全落在了马克思身上。这份刊物存在时间非常短暂，因为马克思和卢格的思想分歧以及资金的缺乏，仅出版了 1—2 期合刊便停刊了。

马克思在巴黎的居住地田凫路 38 号

《德法年鉴》时期也是马克思思想形成和发展的一个重要的

时期。这本合刊上发表了马克思的著作《〈黑格尔法哲学批判〉导言》和《论犹太人问题》等。传统上对马克思这一时期的思想一般概括为两个革命性的转变，即从主观唯心主义转向唯物主义，从革命民主主义转向共产主义，这为创立马克思主义奠定了思想前提。

马克思和恩格斯由于都在《德法年鉴》上发表了自己的文章，两人开始经常通信。恩格斯 1844 年 8 月底回德国途经巴黎。8 月 28 日他与马克思进行了历史性的会面。两人共同的见解促使他们第一次合作。马克思、恩格斯在一起的头 10 天中，为了捍卫新的唯物主义和共产主义的观点，他们决定用小册子对青年黑格尔派做最后的清算，公开发表他们新近共同的观点。在恩格斯逗留巴黎的 10 天中，他们就已拟定了全书的大纲，分好了章节，并合写了“序言”。恩格斯在离开巴黎之前就写完了他所分担的几个章节。马克思承担了全书的绝大部分内容，直到 1844 年 11 月底他才写完，同时，为了写作分担的几个章节，他利用了自己在 1844 年春夏所写的一部分经济哲学手稿，以及对 18 世纪末法国资产阶级革命历史研究的心得和其他许多笔记、摘要，于是大大超过了本书预定的篇幅。作品于 1845 年 2 月出版，起了一个具有讽刺意味的名字——《神圣家族》（副标题是“对批判的批判所做的批判”）。迫于普鲁士的压力，法国还是赶走了马克思这个普鲁士政府的敌人。马克思不得不在《神圣家族》出版之前离开巴黎。这次马克思夫妇带着第一个女儿，走向了流亡的下一站：比利时布鲁塞尔。

（二）马克思在布鲁塞尔

1845 年 2 月 2 日马克思前往布鲁塞尔。燕妮卖掉了家具和一些亚麻衣物，几天后随着马克思去了布鲁塞尔。在布鲁塞尔期间，为了躲避普鲁士政府的迫害，马克思放弃了他的普鲁士国籍。

1847 年 8 月底在布鲁塞尔成立的德意志工人协会开展活动的场所——天鹅饭店

1846 年，马克思和恩格斯的布鲁塞尔共产主义通讯委员会在号召建立无产阶级政党时，正义者同盟迅速成立了伦敦共产主义通讯委员会。此后，马克思和恩格斯与正义者同盟关系日益密切。正义者同盟是 19 世纪 30 年代活跃的秘密激进组织。该组织最早可以追溯到 1832 年在巴黎成立的德意志人民协会。这是德国流亡者和迁徙国外的手工业帮工在国外建立的第一个德国革命者的组织。在英国、法国和瑞士都先后建立了同盟的地方组织。由于受到法国政府的严密监控，所以在 1840 年同盟迁到了英国伦敦。

1847 年，马克思、恩格斯应邀加入了该组织，并主张将其从一个地下组织打造成一个能够组织工人阶级、发展群众运动的政党。1847 年 6 月 2 日—9 日在伦敦秘密举行第一次代表大会，建立共产主义者同盟，拟定章程，并用“全世界无产者联合起来”的国际主义口号代替“人人皆兄弟”的旧口号。共产主义者同盟是第一个以科学社会主义为指导思想的国际无产阶级政党，是在对正义者同盟进行根本改造的基础上建立。

1847年11月29日—12月8日在伦敦举行第二次代表大会，审查并批准章程，明确规定同盟的目的是：推翻资产阶级，建立无产阶级统治，消灭旧的以阶级对立为基础的资产阶级社会和建立无阶级、无私有制的新社会。大会委托马克思、恩格斯起草同盟纲领，产生了国际共产主义运动第一个纲领性文献——《共产党宣言》。1848年，马克思和恩格斯共同起草的《共产党宣言》在伦敦出版。宣言结尾的那句“全世界无产者联合起来”成为国际工人运动中最响亮的口号。经过这次大会，原来那个狭隘的工人小团体面貌一新，变为地跨英、德、法、比、瑞士等西欧国家的国际性共产主义组织。它的各国各地支部都以团结、组织工人，宣传共产主义理论为任务，展开了广泛的活动。其中，布鲁塞尔支部——由布鲁塞尔“共产主义通讯委员会”发展而来——特别活跃而有成效，这其中，马克思起着灵魂作用。

1848年，欧洲大陆上爆发了一场规模极大的革命，又称“人民之春”。这场革命以法国推翻帝制，建立法兰西第二共和国的法国二月革命为首，几乎波及了整个欧洲。比利时政府担心革命蔓延到比利时，驱逐了所有外国共产党人。1848年3月4日马克思被比利时政府驱逐出境。第二天马克思到达法国巴黎。1848年4月6日左右马克思和恩格斯离开法国巴黎，回德国直接参加革命。1848年4月11日到德国科隆。

（三）马克思在科隆

1848年4月，马克思回到了他曾经战斗过的地方——德国科隆，大约3个月后，燕妮和孩子们也随着来了，之前他们一直住在特利尔，

德国科隆

直到马克思得到了居住许可证。

1848 年 6 月马克思和恩格斯在科隆创办《新莱茵报》，该报成为当时条件下革命活动的指导中心，为欧洲革命吹响号角。由于策略上的需要，它以民主派机关报的名义出现，但到处都“强调了自己的特殊的无产阶级性质”。当时它成了革命年代德国最著名的报纸，没有一家德文报纸像《新莱茵报》这样有威力和影响，这样善于鼓舞无产阶级群众。

《新莱茵报》期间，马克思和恩格斯不仅密切关注德国和西欧革命进程，同时也没有忘记关注东欧、东南欧人民的民族解放运动，并发表了一系列文章。马克思在革命中检验了自己新创立的唯物史观。随着对欧洲革命失败的经验总结与理论反思，马克思重新研究资本主义政治经济学。这为马克思创立自己的政治经济学奠定了重要的理论和实践基础。

《新莱茵报》是世界上第一家无产阶级日报。《新莱茵报》是在欧洲革命高潮中诞生的。在不到一年时间里，马克思和恩格斯就在《新莱茵报》上发表了 500 多篇文章。报纸订户最多时达 6000 份。一年多时间里，报纸影响力不断扩大。1849 年 5 月，由于普鲁士政府的迫害，报纸被迫停刊。这一次，马克思作为不受欢迎的外国人，再被普鲁士政府驱逐出境。

马克思全家于1849年5月19日离开了科隆，沿莱茵河到了宾根，燕妮在朋友那里待了几天。6月2日马克思前往巴黎，打算在那里待三个月，他深信不久就会爆发革命运动。7月初，燕妮和孩子们到了巴黎，与马克思在一起。然而7月19日，正如燕妮所写的："熟悉的警吏又来了，通知我们'卡尔·马克思及其夫人必须在24小时之内离开巴黎'。"经由向内务部呼吁，马克思至少可以拖延一段时间。马克思1849年8月24日穿越了海峡，到达伦敦。

（四）马克思在伦敦

当马克思去英国的时候，他当然不认为那里会成为他永远的家，本来以为这次还是流亡途中的一站，结果一住就住了近30年，直到生命的终点。在伦敦的马克思，投入到政治经济学研究中，开始创作毕生的心血之作——《资本论》。

伦敦安德森街4号

1849年8月，马克思来到伦敦。马克思抵达之前，霍乱已经在伦敦流行。这是19世纪霍乱第二次光顾此地，15000人为此赔掉了性命。好在人口很快会补充进来。1849年8月—1850年4月，马克思一家住在安德森街4号。马克思的次子亨利在租住的伦敦安德森街4号出生。在母亲的回忆里，儿子出生那天，街上的焰火照进了窗户，满耳都是“盖伊·福克斯”的喧嚣。燕妮给亨利取了个小名，叫“福克斯”。小福克斯是家里的第一位英国公民，大姐小珍妮是法国籍、二姐劳拉是比利时籍、大哥埃德加是普鲁士籍。四个孩子四种国籍。

对于燕妮来说，亨利出生前后的几周，是一段惬意的时光。比起此前颠沛流离的生活，安德森街的蜗居好歹有了些居家的感觉。唯一困扰她的是儿子易惊的睡眠，亨利每两个小时就要醒来一次，母亲就必须强忍疼痛，将开裂的乳头塞到他嘴里。

幸福的烦恼，不可能持续多久。一件小事对马克思夫妇作了必要提醒，安德森街 4 号的房租是每月 6 英镑。但是一方面马克思没有固定收入，另一方面燕妮母亲的资助杯水车薪。摊牌的日子很快到来，亨利出生五个月后，1850 年 4 月初某一天，由于租客拖欠房租，房东下达了逐客令。两位法警现场监督，他们查封了租客的所有财产。

虽然面临诸多困难，但是马克思在政治方面依然很活跃。在伦敦的头几个月，他不仅要处理作为德意志工人教育协会中流亡者的代表所应担负的工作，还忙于共产主义者同盟的重组，以及仿照《新莱茵报》的样式办一个月刊杂志。

1849 年秋，共产主义者同盟领导人在伦敦重新聚集，逐渐恢复活动。1850 年 3 月马克思、恩格斯起草《中央委员会告共产主义者同盟书》，提出建立独立的工人政党的任务，主张积蓄力量做准备。但是同盟内以维利希和沙佩尔为代表的少数派，主张立即发动革命。又过了几个月，这种差异使同盟日渐分裂了。根据马克思的建议，同盟的中央职权移交科隆区部委员会。

1851 年设在科隆的共产主义者同盟中央委员会被普鲁士警察发现，

11名盟员被捕。1852年10月—11月，科隆法庭对这些盟员进行审讯，并根据虚假文件与证词，以“叛国”和“阴谋”罪判处其中7人3至6年徒刑，同盟组织被破坏。1852年11月17日同盟宣告解散。

马克思1849—1850年间的政治活动之一就是努力创建一份报刊，继续发挥《新莱茵报》在1848—1849年革命期间的作用。1848—1849年欧洲革命失败后，马克思流亡伦敦。恩格斯到达伦敦后，他们筹办了《新莱茵报·政治经济评论》。《新莱茵报·政治经济评论》是马克思和恩格斯创办的时事评论性杂志。从1850年3月至11月在德国汉堡共出版了6期。在1850年11月29日出版了第5—6期合刊后，由于德国警察的迫害和资金缺乏，《新莱茵报·政治经济评论》的生命悄然结束了。

马克思和恩格斯在杂志上发表了一系列总结1848—1849年革命经验的重要著作，进一步丰富和发展了无产阶级革命理论。《1848年至1850年的法兰西阶级斗争》最早就是以一组文章的形式刊登。恩格斯的《德国维护帝国宪法的运动》《德国农民战争》也是刊登在这份杂志上。

伦敦索荷迪恩街64号

1850年5月，马克思一家搬到了索荷,流亡者眼中的故乡。马克思在索荷的新居位于迪恩街。索荷街上大都是一些乔治式建筑，门面不宽，造型刻板而严肃。好处是每一幢房子底楼都有一间共用的水房，女佣琳蘅不必抛头露面到街上的水泵去取水。马克思在迪恩街共租住过两套房子，先前是 64 号，尔后是 28 号。迪恩街 64 号乏善可陈，面积比储藏室大不了多少，而且马克思一家在此仅居住了 8 个月，失去了一位家庭成员——次子亨利。一周岁生日没过几天，亨利死于脑膜炎引起的痉挛。

伦敦索荷迪恩街 28 号

1851 年 1 月，亨利夭折后不久，马克思搬到了迪恩街 28 号。迪恩街 28 号楼顶两间房是马克思一家的租住地——临街的是客厅，后面的是卧室，租金一年 22 英镑。马克思一家入住迪恩街 28 号时，与搬进安德森街 4 号时家庭成员完全一致，夫妻俩加两个女儿一个儿子，以及女佣琳蘅。还有一个共同点，燕妮又怀孕了，这一次即将出生的是三女儿弗朗西斯卡。这个不断添丁又接连失去人口的家庭，将在迪恩街 28 号住到 1856 年。

马克思没有固定作息，入睡和起床时间不定。他往往通宵工作直到午间，然后便在沙发上和衣而睡，不为进进出出房间的外界情况所惊动。他勉强算得上有收入的工作，是担任《纽约每日论坛报》的欧洲通讯员，按件取酬，每篇稿子 1 英镑。

1852 年一整年，马克思诸事不顺。年初，燕妮、长女珍妮、女佣琳蘅先后生病。到了4月，三女儿弗朗西斯卡死于严重的支气管炎，弗朗西斯卡与她未曾谋面的二哥亨利一样，都是在一周岁没过几天便夭折了，都死于迪恩街。安葬弗朗西斯卡的钱是借来的，贫困和不幸联手重创了马克思。

失去弗朗西斯卡三年后，1855年4月，马克思最喜爱的长子埃德加死于肺病，年仅8岁。埃德加的夭折让马克思确认了一个悲伤的事实，即其所有男性子嗣都未活到成年。迪恩街再也待不下去了，它只会使父亲想起在他怀中死去的孩子，一个又一个。埃德加去世次年，1856年9月，靠着燕妮继承的两笔遗产——苏格兰伯父的150英镑和母亲的120英镑，马克思还清了拖欠的房租，搬离迪恩街。迪恩街28号的门牌，对马克思夫妇而言是一段可怕的回忆，锥心之痛不堪回首。

1856年9月—1864年5月，马克思一家住在格拉夫顿排屋9号。格拉夫顿排屋9号位于肯特镇，随铁路铺设而兴起。这座房子具有英国人理想住宅的四个特点：通风、见阳、干燥和建筑在砾石的地基上。还有个优点是晴天可以远眺圣保罗大教堂。

伦敦格拉夫顿排屋9号

刚开始，燕妮对新家是满意的，她动用了“迷人”之类高品质形容词：“我们第一次睡在自己的床上，坐在自己的椅子上，甚至有一个摆设了旧家具的客厅，我们真以为自己是住在一个迷人的城堡里。”渐渐地，北伦敦郊区离群索居的生活让她觉得有些不便，她会时不时怀念索荷的烟火气。而在格拉夫顿排屋住了不到两年，最初的那种新鲜感荡然无存。此后，各种疾病不断折磨马克思一家人。1860 年，燕妮感染了天花；次年，6 岁的小女儿爱琳娜得了黄疸病；接踵而来的灾难也降临到马克思身上，他全身长满了疥疮，皮肤病折磨他到老年。鸡零狗碎的生活，跟皮肤病一样，痒起来就要让人挠个不停。房租、学费、税款和当铺利息，凡此种种，都让马克思心烦意乱。

自 1855 年起，《纽约每日论坛报》编辑部的约稿逐年减少。文章不再署名、办刊理念冲突等等，是报社和作者之间闹僵的常规套路。1862 年 3 月，双方正式解除合作，马克思失去了虽不稳定却堪称重要的收入来源。向西部铁路公司发出的求职申请，却因应聘者潦草的字迹而遭拒绝。马克思成了自己笔下“有限消费的贫困群众”中的一员。

1863 年初，《资本论》书名被最终敲定，原书名《政治经济学批判》被定为副标题，巨著第二稿《1861—1863 年经济学手稿》也即将完成。与此同时，马克思却濒临绝境，微薄的收入始终难以满足来月的日常开支。马克思做了最坏的打算：宣告破产，让两个大女儿去当家庭教师，将女佣琳蘅辞退掉，自己则带着妻子和爱琳娜去住宿舍。

他向恩格斯寻求帮助，恩格斯再次倾囊相助。恩格斯的资助解了燃眉之急，两笔重要遗产的作用也不容忽视。1863 年 11 月，《资本论》第三稿《1863—1865 年经济学手稿》刚开了个头，马克思母亲逝世，他得到了一笔可观的遗产 —— 600 英镑。1864 年 5 月，马克思“不能忘记的朋友”、日后他在《资本论》第一卷扉页致敬的人威廉·沃尔夫逝世，留给他一笔更可观的遗产——800多英镑。就在沃尔夫逝世的那个月，马克思又搬家了，格拉夫顿排屋以南几百码的位置，梅特兰公园路1号。

1864年5月—1875年3月，马克思一家住在梅特兰公园路1号。它是一幢面积很大的独门独户的房子。房子住着很是舒适，每个女孩都有自己的房间，能养宠物，甚至还能举办舞会，马克思终于有了一间可以俯瞰梅特兰公园的宽敞书房。

伦敦梅特兰公园路1号

无论是格拉夫顿排屋9号，还是梅特兰公园路1号的莫丹那别墅，乃至1875年3月马克思最后一次搬家的地址梅特兰公园路41号，离大英博物馆的距离都要比迪恩街远很多，步行至少得一个小时。《资本论》写到第三稿，马克思去大英博物馆主要是核实资料和抄录引文，偶尔他会翻翻医学书籍，看看疥疮有没有更好的治疗方法。

1875年3月，马克思最后一次搬家到梅特兰公园路41号。1883年3月14日下午，梅特兰公园路41号的书房，马克思在他心爱的安乐椅上打盹时与世长辞。恩格斯说，19世纪下半叶最伟大的头脑停止了思考。但马克思逝世时，大部分伦敦人还从来没有听过他的名字，即便是最坚定的社会主义者也很少跟他有什么联系。《资本论》的第

伦敦梅特兰公园路 41 号

一个英文版，要到他逝世四年后才问世。

马克思本人从没对伦敦或英国产生过一丝好感。巴黎自带革命的基因，伦敦则不是。尽管阔步向前的工业化和陷入贫困的劳动者，以触目的方式并存于这座城市。奇怪的是，革命始终没有到来。这座城市的居民似乎都是费边主义者，安于自己的处境，等待历史在渐进中得以完善。马克思和他的思想，与伦敦是何等格格不入。也正是在巨大的张力中，日后撬动地球的能量悄然孕育。伦敦是马克思生活时间最久的城市，英国是马克思生活时间最久的国家。

马克思一生饱尝颠沛流离的艰辛、贫病交加的煎熬，但他初心不改、矢志不渝。他始终胸怀崇高理想，为人类解放不懈奋斗；始终不畏艰难险阻，为追求真理而勇攀思想高峰；始终为推翻旧世界、建立新世界而不息战斗。

三、艰辛付出

（一）毕其一生精力为无产阶级探索理论武器

马克思毕其一生心血撰写了大量理论著作。这些著作如一座座思想理论富矿，屹立在人类思想史上。当然，他也为此付出了常人难以想象的艰辛，才最终到达了光辉的顶点。

马克思在青年时期曾经是黑格尔的信徒，在他发现黑格尔哲学体系中的矛盾之后，勇敢质疑，并深入研究，最终马克思批判黑格尔哲学中的唯心主义体系，吸取他的辩证法的“合理内核”及批判费尔巴哈唯物主义的唯心史观，吸收他的唯物主义“基本内核”，创立马克思主义哲学。

马克思一生最用力的就是《资本论》。这本著作几乎耗尽他毕生的精力。实际上，早在1843年，25岁的马克思在科隆主编《莱茵报》时，就开始研究政治经济学了。此后40年，直到静静地躺在旧椅上与世长辞时，他还没有把《资本论》的第二、三卷完全整理出来。逝世前不久，他才被迫停下这项工作，并希望他的好友——恩格斯能对这未完成的手稿“做出点什么”来。马克思为写作《资本论》付出极其艰苦的劳动，曾多次修改手稿。拉法格曾回忆说：“马克思对待著作的责任心，并不下于他对待科学那样严格。他不仅从不引证一件他还未十分确定的事实，而且在他尚未彻底研究好一个问题时，他决不谈论这个问题。

他决不出版一本没有经过他仔细加工和认真琢磨过的作品。他不能忍受把未完成的东西公之大众的做法。”

马克思对著作的责任心，常人难以想象。为写作《资本论》中关于英国劳工法的20来页文字，他甚至翻遍整个图书馆里载有英国与苏格兰调查委员会和工厂视察员报告的蓝皮书。那些铅笔记号表示，他曾通读过这些书。

为了《资本论》未发表部分的编校，他费尽心血。这部分手稿，在1863—1865年即已草成，他读了又读，改了又改。现在保存下来的第二卷第一部分的原稿，就有八种之多，由此可见他严谨的工作态度。他在致恩格斯的信中说：“我做着大量的工作，多半直到清晨四点。”

马克思一直有读书作摘要的研究习惯。1843—1847年间，马克思就写出24本经济学笔记，摘录从17世纪到19世纪大约70位经济学家的著作，全部分量相当于《资本论》的两倍。1850—1857年，马克思又写了数十本笔记，这些摘录笔记是后来他创作《资本论》的重要依据。1861年8月—1863年7月，马克思的经济学研究成果又写满了23个笔记本。

写作《资本论》第三卷时，马克思打算以俄国为实例研究地租问题。为此他自学了俄文。马克思逝世后，恩格斯吃惊地发现，马克思的稿纸中竟有超过两立方米的材料是俄国的统计数字。马克思还用细小的字体写满了3000页纸的阅读笔记。

马克思的研究非常注重对历史的考察。除了谙熟的法国历史外，他对英国、俄国、西班牙、巴尔干等地的历史都很有研究。19世纪50年代，他的视野扩大到东方和美洲，他把大部头的有关征服墨西哥和秘鲁的书都读遍了，也读了当时所能搜集到的关于印度、中亚、东南亚和中国的著作和记述。明白了这些，人们就不会对《资本论》中居然还有一处提到中国清代户部侍郎王茂荫感到奇怪了。

1854 年至 1856 年期间，马克思对世界许多国家的历史和现实做了广泛深入的研究。他收集并分析了许多论著、回忆录、官方文件以及史诗、游记，对古代罗马、日耳曼、克尔特、斯拉夫的历史直至近代国际关系、外交史等，也都下了扎扎实实的功夫。

19 世纪 70 年代的欧美，人类学这门新兴学科正在迅速发展，关于世界各地区各民族社会的文化状况及其发展、演化的著作层出不穷。这引起了马克思的浓厚兴趣。这样，后人便有幸读到他在 19 世纪 80 年代初写下的几份详细摘要。它们在今天以“人类学笔记”的名义而闻名。

1879 年到 1882 年之间，也就是马克思人生最后几年中，他又勤奋系统地研究起世界史来，而且这一次他还编写了详细的编年大事记。这些编年史笔记，后来陆续被人们整理出来。其中的两部最常被人们提到，一部是“印度史编年摘录”，另一部是四大本世界通史笔记。

（二）颠沛流离与贫病交加仍不改初心

坐落在大罗素广场上的不列颠博物馆，是世界闻名的博物馆。自从 1850 年 6 月马克思拿到不列颠博物馆的阅览证后，不列颠博物馆就成了马克思每天必到的地方。除了生病、

位于英国伦敦的不列颠博物馆

天气恶劣和暂时离开伦敦外，马克思差不多每天从早 9 点到晚 7 点都在这里查资料，做摘要，写著作。晚上回家后又接着工作，经常通宵达旦。

由于大量的精力透支，马克思身体多处有病，可以说是几十年带病战斗。从 19 世纪 50 年代前期起，他那先前强壮的身体就开始出毛病了，后来更是时常闹病。头痛、肝病、长痈和疖子、痔疮……这些让马克思大受其苦。医生一再警告他停止夜间工作并注意加强锻炼，不得已时，他才照办。但一旦身体稍稍好转，夜间劳动又恢复了，一切依旧，直到再次病倒。

1866 年开始，写作《资本论》这个延续了几十年的漫长艰辛的旅程进入了最后的百米冲刺。病魔偏在这个时候又袭来了。1866 年 2 月 10 日，马克思写信给恩格斯："这一次差一点送了命……如果这东西再以同样的形式重复三四次，那我就成了死人了。"马克思自己很明白，医生们也再三警告他，病情复发的主要原因是过度的夜间工作。

可是马克思顾不上这些，失眠，风湿，头痛，身体各个部位不停冒出来的痈，这些都挡不住他。病情稍好，他"坐"着不行，就"躺着继续苦干"。到 1866 年 11 月，马克思终于把《资本论》第一卷的部分手稿完成寄出。当他把这消息告诉恩格斯时，恩格斯的感觉是"真像心上的一块石头落了地一样"。

除了自身身体的付出外，家人跟着他一块受苦，更是让马克思深感悲伤和愧疚。马克思有一次在给恩格斯的信中说，对于有志于社会事业的人来说，最愚蠢的事莫过于结婚，从而使自己受家庭和个人生活琐事的支配。后来他又说过，要是他重新开始生命历程，他仍会选择革命道路，但他不会再结婚了。马克思一生四次被各国政府驱逐，最后在英国伦敦定居。他在伦敦最后十年间，度过了一生中生活最艰难的时期。然而马克思没有被苦难压倒，几乎每天大英博物馆刚开门，马克思就准时到达这里，如饥似渴地进行学习和研究，直至晚上博物馆闭馆。

这些话表现了马克思的无奈和感慨。由于自己投身社会事业而无力承负家庭重担，这让马克思陷入深深的烦恼和内疚中。马克思这个经常被描述为冷漠无情的人，事实上非常热爱自己的家庭，对妻子和儿女都充满了感情。

马克思的夫人燕妮出身贵族，而为了马克思的革命事业，她几乎献出了自己的一切。漫长而艰苦的岁月里，燕妮不离不弃伴随在马克思身旁。作为母亲和主妇，照顾孩子、缝缝补补这些日常琐事，她总是一力承担。她在给女友的信中，曾描写过她怎样亲手缝补、修理、造啤酒，当厨师、司酒官、裁缝、洗衣匠和鞋匠，“总是忙个不停”。

同时，燕妮又是不用付薪水的秘书。马克思的字迹非常潦草，他的手稿除非誊写一遍，否则无法拿去发表。燕妮便是最理想的誊写员，她不光字迹娟秀，而且文笔流畅，有时甚至可以挑马克思的文字毛病。她又是马克思著作的第一个读者和批评者，她高度的文化修养和鉴赏水平，使得马克思总是非常重视她的意见。马克思对妻子是满怀感激之情的。他经常感到“对不起我的妻子，主要负担都落在她的身上”。

19世纪50年代是马克思一家最困难的时期。由于极度贫困，燕妮把陪嫁品都典当掉了，还是无法维持正常生活，有一次无钱支付房东欠款，法警把马克思一家菲薄的家当——床铺衣物等，甚至连孩子的摇篮以及比较好的玩具都查封了。稍微值钱一点的用具，如燕妮的陪嫁，马克思的上衣、裤子和鞋子……为了生活，这一家人什么东西没送进过当铺！马克思曾不止一次在信里说：由于衣服进了当铺，他无法上街，无法去图书馆，被“软禁”在家里了。

1853 年一个普鲁士警探曾混入马克思家中，把见到和探听到的情况写成报告呈送给了警察局：马克思住在伦敦最穷也是最便宜的住宅区。他租的套房只有两间房，一间对着街，这是客房，后面那间是睡房。屋里的家具都糟透了，简直不成样子：都是些用坏了的、摇摇晃晃的破烂货；到处都是厚厚的尘土，所有东西都七零八落。客房中央放着一张上面铺胶布的旧式桌子。桌上堆满了手稿、报纸、书籍、儿童玩具、破旧衣服和马克思夫人的手工活；除此之外还可以在那里看到有缺口的茶杯，用脏了的勺、刀、叉，大蜡台，小酒盅，墨水瓶，荷兰烟斗，烟灰——这一切都乱七八糟地堆在桌子上。来访的人一走进马克思房里，立刻就会堕入煤炭和烟草的弥漫烟雾之中。一开始，他必须得像在山洞那样摸索着移步，直到眼睛渐渐习惯于黑暗，能够在这滚滚烟雾之中辨别出一些东西为止。所有的东西都很脏，都盖满灰尘，要想往哪儿坐下去是危险的：一张椅子一共才三条腿，另外一张碰巧还完整无缺，可是孩子们在上面玩着做饭菜的游戏。

这样的生存环境，马克思一家待了将近 6 年。

最令马克思夫妇感到伤心的是孩子的夭折。1850年11月，刚过一岁生日不久的小福克斯就去世了。燕妮给友人写信，描绘了孩子曾经遭受的罪：从我身上吸去了那么多的悲伤和忧虑，所以他一直体弱多病，日日夜夜忍受着剧烈的痛苦。他从出生以来，还没有一夜，能睡着两个小时以上的。最近又加上剧烈的抽风，所以孩子终日在死亡线上挣扎。由于这些病痛，他拼命地吸奶，以致我的乳房被吸伤裂口了；鲜血常常流进他那抖动的小嘴里。

1852 年第五个孩子弗朗西斯卡去世。燕妮在《动荡生活简记》记述了当时的凄惨景象：可怜的孩子与死亡搏斗了三天，受了许多痛苦……这个可爱的孩子在我们生活上最穷困的时期死去了。当时我迷惘地跑到一个住在附近，常来拜访我们的法国流亡者那里，求他接济我们。他立刻极友善而同情地给了我两英镑，这样才把我的可怜孩子现在安然躺睡的小棺材的钱付清。小女孩出世时没有摇篮，死后也好久得不到最后安息的一席之地。

1855 年 4 月 6 日，8 岁的埃德加（第三个孩子）经过长久病痛后，在马克思怀中离开了人世。马克思的朋友李卜克内西留下了这样的回忆：母亲扑在死了的孩子身上啜泣，琳蘅站在一旁呜咽；马克思悲痛欲绝，狂暴地拒绝任何安慰；两个女孩偎依着母亲低声哭泣；母亲痉挛地抱住两个女儿，唯恐死神也会把她们夺走。

（三）为国际共产主义事业投入巨大精力

1. 领导和创办报刊

（1）为贫苦群众辩护

19 世纪早期的普鲁士，农民们的生活是非常贫苦的。他们单靠买的木柴不够烧，只有到树林里去捡枯枝才能勉强解决燃料问题。很久以来，这已经成了农民的一项习惯权利了。然而，正在上升中的资本主义和这种情况发生了矛盾：资本主义发展需要把森林和土地等都明确地变成私有财产，而农民为了生计却需要顽强地保护他们先前的习惯权利。

随之而来的是大量冲突。贫苦农民私自砍伐树木、私自捕猎的事件层出不穷。仅在1836年一年，普鲁士经法庭审理的20万件刑事案件中，就有15万件是关于盗窃林木的。政府提出了一个林木盗窃法，交由各省议会讨论。按照这个法案，未经土地和林木所有者允许而私伐树木甚至捡枯枝的，都算犯了盗窃罪。1841年召开的莱茵省议会讨论并通过了这个法案。这对贫苦农民大众是非常不利的。

面对如此荒诞的法令，时任《莱茵报》总编辑的马克思，明确站在贫苦农民一边。他以笔为武器为穷苦民众争取利益。在这之前，他刚刚批判了普鲁士书报检查和出版自由的制度，紧接着来到了物质利益的角斗场。而这对马克思来说是一个新的难题：需要对他以前不熟悉的"实际利益"发表意见。在此之前，黑格尔派的学者们都只是翱翔在抽象思辨的天空里，对世间的柴米油盐是不屑涉足的。

这位深切同情人民的年轻学者，毫不犹豫地从哲学的殿堂下降到了"坚实的地面"，写出了保护农民权利的长篇辩护词——《关于林木盗窃法的辩论》。

时隔17年，马克思在《政治经济学批判》序言中写道："我学的专业本来是法律，但我只是把它排在哲学和历史之次当作辅助学科来研究。1842—1843年间，我作为《莱茵报》的编辑，第一次遇到要对所谓物质利益发表意见的难事……最后，关于自由贸易和保护关税的辩论，是促使我去研究经济问题的最初动因。"林木盗窃法的争议使得马克思不再仅仅停留于哲学思辨的战场，而是推动了他对现实物质利益的研究。

（2）倾尽个人财产

1848年4月马克思同他的战友们一起回到德国时，正值欧洲革命达到高潮。马克思和恩格斯着手办报，这是在离开巴黎之前就开始酝酿的。他们的考虑是，“报纸最大的好处，就是它每日都能干预运动，能够成为运动的喉舌”。

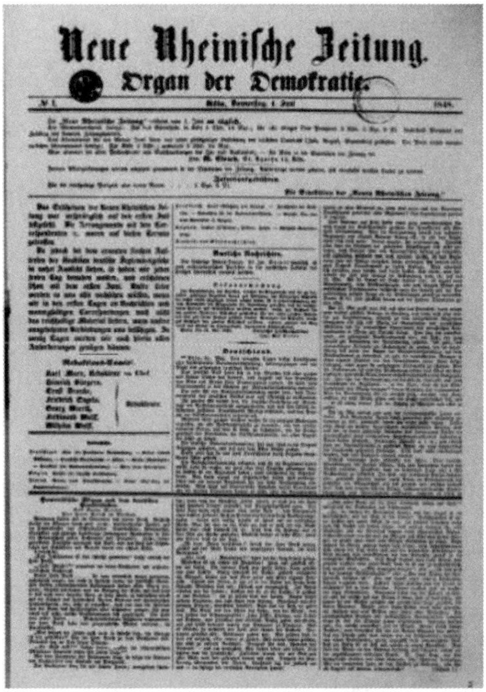
Neue Rheinische Zeitung.
Organ der Demokratie.

《新莱茵报》创刊号

经过一番紧张筹备，《新莱茵报》终于在 1848 年 5 月 31 日晚出了创刊号，注明日期是“1848 年 6 月 1 日”。马克思是众望所归的总编，他当时 30 岁不到，已被同事们戏称为“马克思老爹”了。他有深邃的理论头脑，又有丰富的办报经验，他的思维和实践能力处处让人产生敬意。

马克思作为《新莱茵报》的主编，除了需要统筹报刊的整体内容和编排，还要负责保证报刊的运转资金。而实际上筹办《新莱茵报》，资金一开始就是薄弱的。马克思他们想尽了一切办法寻求支持，设法集股，为此分头跑了许多城市，但进展不畅。

如此艰难的原因是，这些激进的革命家们让有钱的人们害怕，他们不愿意当这份革命报纸的股东。为了报纸的正常运转，马克思自己垫付了很多资金，也积极参与筹款。1848 年 8、9 月，马克思到柏林和维也纳，1849 年 4 月，到不来梅和汉堡进行游说、筹资。

1848 年 9 月，反动派开始对《新莱茵报》的编辑们下手，逮捕他们。编辑们不得不逃亡国外。沉重的压力都落在了马克思一个人身上。他要应付当局对报纸的迫害，要在极度困难的境地下勉强支撑这份报纸。此时本就不多的股东们已几乎全都退出，报纸几乎没有任何财力，马克思便拿出了父亲的遗产顶上去。

1849 年 5 月，报纸最终被迫停刊，马克思也被驱逐出境。离开科隆前，由于财务紧张，报纸拖欠的债务早已堆积如山。马克思义不容辞地担负起来，他变卖了所有属于个人的东西，加上报纸订阅费和从友人那里寄来的钱……所有这些，他都用来偿还各种各样的债了。

最后留给马克思的，只剩下燕妮的一套银器。而这套银器也被送进当铺，换成了马克思一家仅存的生活费用。后来人们知道，《新莱茵报》耗尽了他的个人财产，这笔数字达到7000塔勒之巨。而以当时的生活水平计算，这可以保证一家人生活无忧几十年。

19 世纪 40 年代的科隆

2. 领导共产主义者同盟

19 世纪 40 年代中期，伦敦正义者同盟的领导人认识了马克思和恩格斯。在马克思、恩格斯的影响下，他们决心对自己的组织做彻底的改革。1847 年 2 月，约瑟夫 · 莫尔到布鲁塞尔来，与马克思协商改组组织事宜。

1847 年 6 月初，正义者同盟代表大会在伦敦召开。马克思因经济拮据不能成行，恩格斯则从巴黎前往伦敦。经过这次改组，正义者同盟从原来那个狭隘的工人小团体，变为地跨多个西欧国家的国际性共产主义组织——共产主义者同盟。各国各地支部都以团结、组织工人，宣传共产主义理论为任务，展开了广泛的活动。其中，马克思在布鲁塞尔支部起着灵魂的作用。他虽然并无比别人更大的权力，但他的同志们都自然地听从他、尊重他的意见。

他们一起做了许多工作：给工人开办讲座，宣讲经济学、历史和共产主义理论；举办讨论会，成立图书室，还经常举行唱歌和朗诵会。他们成立了一个“德国工人协会”，吸引了许多德国工人流亡者，不久就拥有了一百多名会员。在协会组织的讲座上，马克思向工人们通俗地讲解了政治经济学的基本原理。这些讲演材料经过马克思的整理，成了一本小册子。它们后来在发表时加上了《雇佣劳动与资本》的总标题。

1847 年 11 月下旬，马克思和恩格斯一同参加了第二次代表大会。马克思为布鲁塞尔区部的代表，恩格斯则是巴黎区部的代表。经过讨论，大会决定委托马克思和恩格斯写“宣言”。大会召开前，恩格斯就向马克思建议过，由他们两人合写一份新的纲领，称作“共产主义宣言”。由此引出了名垂千古的历史性文献《共产党宣言》。

1848 年 2 月，宣言以单行本形式发行。与此同时，1848 年欧洲革命爆发了。鉴于革命在欧洲大陆的发展，1848 年 2 月同盟中央委员会决定放弃权力，把职权移交给马克思领导的布鲁塞尔区委会。

而刚一承担起新的责任，马克思要处理的第一件事就是再次决定中央委员会的所在地问题。于是人们在马克思家里召开紧急会议后，决定把中央委员会迁到巴黎，由马克思暂时独自行使中央委员会职权，并在适当时候成立新的中央委员会。1848 年 3 月份马克思到了巴黎。他立即着手建立共产主义者同盟新的中央委员会，并当选为主席。

1848 年 3 月，德国爆发三月革命，马克思和恩格斯拟定了《共产党在德国的要求》，组织了三四百名德国工人（大多数是同盟盟员），分散返回德国参加革命。4 月初，马克思、恩格斯也回德国参加革命。1848 年 6 月，他们创办了《新莱茵报》分析指导革命。

马克思作为报纸主编，不仅要统管报纸的全局，而且还要处理大量的实际事务。所以他的活动日程总是满满的。他的家里也总是热闹和忙乱的，同事们、战友们经常到这里来，谈事情，甚至在这里吃住。燕妮整天忙着接待这些客人。

1849年5月，《新莱茵报》被查封，马克思被驱逐出境。他先后离开普鲁士、巴黎，于8月份来到伦敦。到伦敦后，马克思除了创办《新莱茵报·政治经济评论》外，在实际事务上也花费了大量的精力。

第一件事是救济流亡者。欧洲革命失败后，各色各样的政治流亡者汇集到了伦敦。帮助和救济这些人成了一件大事。尽管马克思自己的生活也很困难，但他仍热忱地承担起救济流亡者的工作。那段最艰苦的岁月里，马克思家中成了救济所。除了让他们住到家里，同他们分享最后一块面包，马克思还能做什么呢？好在马克思夫人尽管自己也贫病加身，却总是以友爱的精神欢迎这些朋友，使他们得到难忘的温暖。

另一件更重要的工作便是重建共产主义者同盟。1850年，先前的骨干盟员差不多都已集中到伦敦来了，此外还有一些新人补充了进来。这使得同盟有可能在组织上恢复起来。1850年3月，马克思和恩格斯写了一份《中央委员会告共产主义者同盟书》，重建共产主义者同盟。许多地方都恢复了先前的组织，建立了联系。被严重破坏了的共产主义者同盟，在德国又得到了新的发展。1851年，普鲁士反动政府策划了科隆共产党人案件，同盟组织遭到破坏。按照马克思的提议，1852年11月17日，共产主义者同盟宣布解散。

3. 组织和领导第一国际

第一国际，即国际工人协会（International Workingmen's Association），是1864年建立的国际工人联合组织。马克思是创始人之一、实际上的领袖。由于会名太长，通常取它的第一个单词“International（国际）”。第二国际成立后，始称“第一国际”。

圣马丁堂音乐厅

（第一国际成立大会在此召开）

19世纪五六十年代，全世界工人阶级普遍面对的问题就是：深受资本家的压迫。尤其在欧洲各国，此类现象更是日益加剧。在斗争中，让他们认识到工人阶级也能给予资产阶级一些深刻的“教训”。

直接促成建立第一国际的导火索，则是1863年波兰反对沙俄统治的事件，对此，马克思和恩格斯十分重视，彼时二人动员欧洲各国的工人力量，支持波兰人民的革命运动。1864年9月底，伦敦圣马丁教堂热闹非凡，这里汇聚了来自世界各地的工人阶级代表，他们在这里举行了“支持波兰人民反对俄国沙俄的统治的集会”。

会议前，他们再度声讨了沙俄统治，以及建议建立“国际工人大联盟”，用于解决斗争问题。大会开始后，英国工人代表宣读了《英国工人致法国工人书》一文，法国工人代表也回敬了一篇《法国工人致英国工人书》。大会在一片祥和的气氛里进行着各项议程，一位法国工人代表提交了关于法国工人建立“无产阶级联盟”的草案申请。

之后，该草案获得全体人员的支持，当即成立了“国际工人协会”，也就是“第一国际”，并选举了协会的领导机关——临时委员会。临时委员会以后改为中央委员会，又改为总委员会。马克思则成了该机构委员会重要成员。受国际工人协会的委托，马克思起草了《国际工人协会成立宣言》和《国际工人协会临时章程》。这样一来，马克思虽然不是新成立的国际工人协会的发起人，却用他的《国际工人协会成立宣言》和《临时章程》，一开始就给协会定了调子。从这个意义上说，马克思是国际工人协会的创始人。从此，工人们有了自己的阶级和组织，也有了工人阶级的行动纲领，革命斗争因第一国际的存在而更有起色。

总委员会是国际工人协会的中央领导机构。总委员会的工作很忙，日常事务不少，三天两头要开会，而除了总书记一职有微薄的工资外，别的人都是为了尽义务。但委员们都对自己的工作有很高的热情，没有人发出抱怨。

马克思在总委员会里是最尽职的一个，他除了生病和偶尔外出，从不错过一次会议。马克思在第一国际内担任了历届总委员会委员、德国通讯书记，先后兼任了比利时、俄国、荷兰等国的通讯书记。他始终是常务委员会或执行委员会委员，第一国际的纲领、章程、方针、政策、策略等文件都是马克思起草或提出来的。马克思也尽可能地负起教师的职责，向国际工人协会的领导人物们讲解自己的学说，与国际中流行的主要思潮——法国和西班牙等地的蒲鲁东主义、德国的拉萨尔主义、英国的工联主义等作斗争。他是总委员会的智囊，第一国际的一切重要事情，没有他的直接参与和关注是做不好的。

他为第一国际做的工作主要有：

（1）为国际起草了从第一国际成立宣言到 1871 年总委员会关于巴黎公社革命的宣言——《法兰西内战》等许多重要文件；

（2）为第一国际总委员会的委员们讲授理论问题；

（3）担任第一国际机关报的宣传指导工作；

（4）做第一国际历届代表会议和代表大会的准备工作；

（5）在担任德国通讯书记的同时，兼任比利时、俄国、荷兰等国的通讯书记，与这些国家的国际协会组织的领导人和革命家进行了大量通讯联络工作；

（6）参加总委员会的日常性工作。

他给大家分析形势，就各种事务出主意，调停各方面的关系。就连许多琐事也都是由马克思干的，比如说填写会员证这样的枯燥工作。恩格斯在 1878 年说，叙述马克思在国际中的活动，就等于编写这个协会本身的历史。人们很快就承认，马克思的学识和才华，任何人都是比不了的，他处理各种事务和矛盾的能力，也很让大家服气。由此马克思也树立起了自己的威信，成了总委员会的灵魂。

当然，由此带来的是更沉重的担子，更繁忙的工作。有一次，马克思慨叹说：我们在为争取八小时工作制而斗争，可我们自己的工作往往超过这个时间的两倍！这话一点都不夸张，因为总委员会和其中的小委员会的会议，经常开到后半夜，而会后马克思还得挤时间写他的《资本论》，还得想法去弄钱养家，八小时对他怎么够用？马克思的家也经常被当作总委员会的开会地点。于是在梅特兰公园路的那幢寓所中，经常有操英语、德语、法语和其他各种语言的人来来往往，这里成了一个国际会议场所。

为争取工人阶级利益，各国工人高举“第一国际”的大旗，在各地展开了大罢工运动。1866 年，英国裁缝大罢工，次年巴黎青铜工人罢工，第三年日内瓦的建筑工人也开展了罢工运动。可以说，这三次具有代表意义的罢工运动都取得了胜利。

到了 1869 年，第一国际的第四次全体大会在瑞士巴塞尔召开，巴枯宁分子用恶劣的手段伪造了证件，妄图获得更多票数。巴枯宁企图使计逼迫马克思辞职，把总委员会落在日内瓦，好在马克思、恩格斯一早就发现了他的阴谋，最终，巴枯宁的计划彻底告吹。

巴塞尔大会后，巴枯宁分子的作为更加肆无忌惮，以无政府主义思想宣导宗派阶级解散的言论，对此，马克思起草了两份文件传给总委员会和各支部，将巴枯宁的阴谋始末讲解清晰，彻底揭露他们的丑陋嘴脸。

1871 年巴黎公社失败后，马克思的另一件困难工作，是组织对逃到国外来的公社战士的援救。这时，国际总委员会成立了一个专门委员会，想尽办法筹集经费，来帮助公社社员们度过贫困难关，同时还帮他们找工作。

马克思全家都是这项事业的积极参加者。在这段时间里，马克思家中经常接纳衣衫破旧、一文不名的公社流亡者，房子挤得像个大蜂箱。多亏了马克思夫人的热情无私，这些流亡者才能在这里吃上点热饭，找到一个暂时栖身之地。马克思到处奔走，写信求助，设法募捐，在集会中为他们呼吁，营救还陷在国内的公社社员，他成了流亡者的保护神。

巴黎公社失败后，马克思和恩格斯考虑到各国资产阶级对第一国际的种种迫害，第一国际在欧洲开展活动更加困难，他们向大会提议把总委员会会址迁往美国，这个提议得到大会通过。此后，马克思又建议第一国际“这一形式上的组织退到后台去”。即使疾病迫使他深居简出，但他仍关心着国际工人协会，尽最大努力来支持它。然而，在 19 世纪 70 年代的形势下，国际工人协会的历史使命已经终结了，各国工人运动正在按照本国的具体条件成长起来，发展壮大。1876 年 7 月，第一国际在费城举行的第六次代表大会上正式宣布解散。

马克思在名义上不是第一国际的主要领导人，但实际上正是他领导了第一国际的工作。马克思是第一国际的主帅和灵魂。

4. 直接指导巴黎公社革命运动

巴黎公社是一个在 1871 年 3 月 18 日（正式成立的日期为同年的 3 月 28 日）到 5 月 28 日期间短暂地统治巴黎的政府，是人类历史上第一次无产阶级政权的伟大尝试。

法国在普法战争失败后，资产阶级政府的阶级压迫和民族投降政策，激起广大群众的极度不满。1871 年 3 月 18 日，巴黎工人起义，推翻了资产阶级反动统治，建立了无产阶级革命政权。3 月 26 日进行公社选举，28 日巴黎公社宣告成立。

马克思和巴黎公社革命有着血肉的联系。在公社革命期间，他虽身居远离革命中心巴黎的伦敦，但始终以参加者的姿态关注着这场革命，支持和帮助巴黎公社革命也是这位无产阶级革命领袖光辉一生中极其重要的经历。

普法战争使法国处于民族矛盾和阶级矛盾相互交错、尖锐复杂的形势之中，法国工人阶级处于内忧外患的境地。1870 年 9 月，马克思精辟地分析法国阶级斗争的形势，并郑重告诫法国工人阶级不要硬拼发动起义。他认为，法国工人阶级正处于内忧外患的困难境地，推翻新政府的起义条件还不成熟；客观上普鲁士侵略者大军压境，如果工人阶级爆发起义必遭资产阶级和普鲁士侵略者的联合镇压。

但是历史的发展并不以人们的意志为转移，各种偶然的因素只能加速或延缓历史的进程。正是在被普鲁士包围的特殊历史条件下，1871 年 3 月 18 日法国巴黎工人被迫发动了革命。马克思并不因曾劝告过巴黎工人不要过早起义而指责他们，恰恰相反，他高度地评价和赞扬了巴黎无产阶级的伟大创举和英勇斗争精神。

公社革命期间，马克思的许多建议是通过法国商人口头传达的。如：（1）建议公社把那些能使凡尔赛的恶棍们声名狼藉的档案转移到伦敦，以便从政治上揭露凡尔赛，在一定程度上制止敌人的疯狂行为；（2）批评公社浪费在琐碎事务和私人争执上的时间太多；（3）要求公社提高警惕防范普鲁士给凡尔赛分子占领巴黎提供种种方便；（4）建议公社加强蒙马特尔北部高地，防范普鲁士的进攻等。马克思提出的意见贯穿一个中心思想：就是团结和争取农民，从政治、经济、军事等方面掌握同凡尔赛政权斗争的主动权，巩固无产阶级的统治，对社会进行改造。

巴黎公社的失败使马克思的心情十分沉重，但马克思不是悲观主义者，他通过总结公社经验所发展的理论包括阶级斗争、无产阶级革命、无产阶级专政、无产阶级政党等等内容，其中特别重要的是关于无产阶级革命和专政的问题。首先，阐明了打碎旧国家机器的具体含义，发展了打碎和摧毁旧国家机器的学说。其次，提出以新的真正民主的国家政权代替被打碎的国家机器，解决了无产阶级统治的政治形式的问题。再次，发展了关于过渡时期的理论，形成了从资本主义社会到共产主义社会有一个革命转变的历史时期的光辉思想。最后，阐述了无产阶级专政下阶级斗争的理论。

资产阶级把巴黎公社看作洪水猛兽，把它看成一批杀人放火的暴徒们的“叛乱”。为了揭穿敌人的谎言，澄清朋友的误解，在国际工人运动中竖起巴黎公社的伟大旗帜，继续巴黎公社的伟大事业。在公社革命爆发后一个月，在国际总委员会会议上，马克思提出发表一项关于斗争的总趋向的宣言的建议，并受总委员会的委托，起草这个宣言。当时，他忍受着许多战友和工人阶级的优秀儿女在巴黎惨遭杀害的痛苦，带着重病坚持工作，从多方面收集和占有材料，在公社的最后一个街垒陷落后第三天，便向总委员会提交了关于巴黎公社的宣言（即《法兰西内战》），获得国际总委员会的通过。

纵观马克思与公社的关系，可以得出结论：马克思不仅是巴黎公社的指导者和实际上的顾问，还是巴黎公社的卓越理论家和坚定的捍卫者。

（四）从容面对当局迫害 始终站在工人一边

马克思所处的时代，工人运动风起云涌。马克思不但为无产阶级的解放事业铸造理论武器，而且亲自参与组建工人阶级政党、动员组织工人阶级的革命斗争。因为触及欧洲反动阶级的经济利益，威胁到反动阶级的政治统治，因而反动阶级不断从政治上对马克思进行迫害。

1. 被法国政府驱逐而移居布鲁塞尔

1845 年 1 月 11 日，法国内务部的一纸命令送到了马克思家中：限马克思于 24 小时内离开巴黎。事由还要从一年前讲起。1844 年 1 月，巴黎出版了一份德文刊物叫作《前进报》。《前进报》政治倾向鲜明，刊登激烈批评普鲁士专制政体的文章。马克思除了给它写文章外，还直接参加编辑工作。

这让普鲁士当局不能容忍了。于是柏林方面采取了这样的办法：通过普鲁士驻巴黎大使，要求法国政府查封《前进报》。但是这个办法不管用。之后普鲁士政府便向巴黎施压，要求法国政府把《前进报》成员驱逐出境。法国明知这样充当柏林的帮凶不光彩，但还是点了头。于是就有了刚才提到的驱逐令。

这份驱逐令不仅发给了马克思，还发给了《前进报》的其他一大批编辑和撰稿人。其他被驱逐者大都使出各种手段为自己开脱，想方设法留在巴黎。马克思却不愿去请求赦免，于是只有一条路：离开他生活了 15 个月的、让人留恋的巴黎。

马克思决定到布鲁塞尔去，但是他不得不先走，他的妻子和女儿随后跟来。家里的一切事务必须在短时间里处理完，但是现实困难重重：钱已经用完了，路费都成了问题，女佣琳蘅的工资也有很长时间开不出来了，未来新居的安排更是毫无着落……

劝说琳蘅回德国老家后，1845 年 2 月，马克思来到了比利时首都布鲁塞尔。他举目无亲，两手空空，只有一位一起从法国被驱逐出来的同伴毕尔格尔斯陪伴着他。马克思站在布鲁塞尔的寒雾里不知所措。他身上的钱很有限，那还是燕妮把她的银制刀叉餐具匆匆典当了凑来的。用这点钱能到哪里去租到房间呢？又该怎样安顿很快到来的妻子和女儿呢？

正当马克思为住处和生活伤透脑筋的时候，琳蘅突然出现了。原来，她离开巴黎后，根本就没有回德国老家，而是带着她的行李箱径直来到了布鲁塞尔！在她的操持下，临时住所找到了，马克思也多少能放下心来，从事他的工作了。不久后，燕妮母女俩也来到布鲁塞尔。来之前，燕妮吃了不少苦，马克思离开巴黎后，她不得不在短时期里把家具、用品变卖一空，她珍贵的嫁妆也丧失殆尽。她在朋友家里寄居了几天，方才能够启程前来。

2. 比利时政府对马克思的政治迫害

但是比利时政府并不欢迎这个“危险分子”。马克思一到布鲁塞尔，就被传唤到警察局去了，他被要求写一份书面文件，保证自己不对比利时内政发表任何评论。马克思很痛快地照办了，因为他根本不打算过问比利时的事情。但尽管写了保证，警察还是秘密盯着马克思的活动和言论，因为他们对他不放心。

普鲁士政府那边也仍然不停地骚扰马克思，他们已经把他从巴黎赶到了布鲁塞尔，现在又来跟比利时官方交涉，想把他从这里赶走。这种迫害让马克思不得安宁，他只好在 1845 年 12 月正式退出了普鲁士国籍。这意味着马克思从此没有了国籍。自 27 岁到 65 岁的 38 年时间里，马克思一直过着“世界公民”的生活。

1848 年法国二月革命爆发，马克思渴望尽快去巴黎，因为那里是革命的中心。他向刚刚成立的法国临时政府提出申请，要求撤销原来政府对他的驱逐令，允许他重返法国。临时政府很快就给马克思回了一封邀请信。信到布鲁塞尔时，马克思正好接到比利时政府的驱逐令，给他的期限是 24 小时。而最后 24 小时警察也没让马克思安然度过。警察闯进了他的住宅，把他抓进牢房。

马克思在布鲁塞尔被监禁的监狱

马克思的夫人燕妮也被逮捕和拘留，并遭遇警察的粗暴对待。燕妮后来追忆了当时的经历：一个巡警抓住我，把我逮捕起来，关进黑暗的监狱。这个地方是专门拘留那些无家可归的穷人、孤苦伶仃的流浪汉和陷入不幸深渊的女人的。我被推进黑暗的牢房。我一边啜泣，一边走进去，那里，一个不幸的难友把自己的床让给我。这是很硬的木板床。我就倒在这张床板上。早晨天刚亮，我看到对面窗户的铁栅栏后面有一张苍白的愁苦的脸。我靠近窗户一看，原来是我们亲爱的老朋友日果。他看见我就做手势，指着下面的房子。我随之看去，发现了正在被武装押送着的卡尔。大约过了一小时，我被带到审判官那里。经过两小时的审问，宪兵把我带上马车，傍晚我回到我的三个可怜的小孩身边。

马克思在被关了 18 个小时后获释，他和他的全家已经没有时间了。他们匆匆收拾行李，带不走的暂时留给别人保管，离开了住了三年的布鲁塞尔。

3. 先后遭到普鲁士和法国的驱逐

1848 年 3 月，马克思在巴黎短暂停留后，于 4 月份回到普鲁士。此时正值革命的高潮。马克思和恩格斯创办了《新莱茵报》。其间，马克思一直受到普鲁士警察机关的“照顾”。他刚回到科隆就向当地市政委员会申请居住权，并很顺利地得到了这项权利。同时，他也申请重新加入普鲁士国籍，没有得到批准。马克思只好继续在科隆当“外国人”。而且，随着《新莱茵报》愈来愈被官方看作眼中钉，他们对马克思的监视也愈来愈严密，并开始接二连三地传讯他。

1849 年春，革命事实上已很难重振先前的声势了，反革命在维也纳和柏林已经取得了胜利，下一步，他们就要发起最后的反击，来彻底扑灭革命的余火。科隆的形势显然也越来越紧张了。科隆当局决定驱逐马克思这个“危险人物”出境。他们给报纸总编马克思送去了命令，要求 24 小时之内离境。

遭到驱逐后，马克思离开普鲁士，于 1849 年 6 月 3 日前后到达巴黎。法国这时是德国革命者关注的中心。马克思和恩格斯都希望法国发生革命，来挽救德国已经陷入绝境的民主运动。但是，彼时的法国情况其实并不好。政府在这里实行了大规模报复行动，像马克思这样的外国革命家，唯一的命运就是再次被驱逐。

7 月 19 日，内政部长通过警察局长要马克思迁往布列塔尼的莫尔比昂省。这里是法国西北部的一片热病流行的沼地，要马克思到那里去是一种恶意的“杀人企图”。马克思当然不会屈从于这种迫害阴谋，他上书给内政部长提出抗议，使驱逐令得以暂缓执行。但 8 月 23 日，打击再次来了：警方命令马克思必须在 24 小时内离开巴黎。马克思只得匆匆收拾行李，动身前往英国伦敦。

1849 年 8 月 26 日前后，马克思到达了伦敦。英国当时是资本主义世界经济最发达、政治民主发展最充分的地方。它为全世界各色各样的政治流亡者提供了一处相对安全的避难所，他们在这里能够相当自由地发表自己的言论，而不必担心受到迫害。这对马克思来说当然是非常重要的。

在此后的几十年中，马克思再没有遇到先前在普鲁士、布鲁塞尔和巴黎的那种刁难和驱逐。同时，英国给马克思提供了观察、解剖资本主义社会制度最好的“实验室”。从这点来说，反动势力把马克思赶到大不列颠岛上，对他反倒成了一件幸事。正是英国、正是伦敦使马克思成了举世闻名的那个马克思。

马克思是顶天立地的伟人，没有一位思想家能像马克思那样，以博大情怀时刻关注和思考人类的命运；以深刻洞察揭示人类社会的发展规律；以凌云之志投身于人类的解放事业，在革命斗争实践中检验自己的理论、探索人类前进的道路。同时，马克思也是有血有肉的常人。他与恩格斯的友谊穿越古今，他对国际无产者慷慨相助，他与革命流亡者患难与共，他与燕妮的爱情感天动地。他热爱生活，真诚朴实，重情重义。这位伟大革命导师、伟大思想家的高尚品质和人格魅力，也通过他的人物交往和生活轶事立体又多彩地呈现在世人面前。

四、人物交往

（一）马克思一生的战友——恩格斯

1. 人物简述

弗里德里希·恩格斯

弗里德里希·恩格斯（1820 年 11 月 28 日—1895 年 8 月 5 日），德国思想家、哲学家、革命家、教育家、军事理论家，是全世界无产阶级和劳动人民的伟大导师和领袖、马克思主义创始人之一。恩格斯是马克思的挚友，被誉为“第二提琴手”，他为马克思从事学术研究提供经济支持，和马克思共同撰写了《共产党宣言》，共同创立了科学社会主义理论；参加了第一国际的领导工作。马克思逝世后，他承担整理和出版《资本论》遗稿（第二、三卷）的工作，还肩负领导国际工人运动的重担。除同马克思合撰著作外，他还著有《自然辩证法》《家庭、私有制和国家的起源》《反杜林论》等。

2. 人物主要生平

（1）早年经历

1820年11月28日，恩格斯出生于德意志莱茵省工业城市巴门市（今伍珀塔尔市）。恩格斯少年时就学于巴门市立学校，1834 年转入爱北斐特理科中学。父亲老弗里德里希是工厂主，虔诚的基督徒，带有普鲁士贵族血统。母亲心地善良，遵守礼教，喜爱文学和历史。1837 年 9 月其父坚持要他辍学经商（恩格斯当时正在读中学）。一年后到不来梅一家商行当办事员。当时普鲁士（德国前身）正面临民族统一和民主革命的任务，恩格斯被民主主义的政治思想吸引，同青年德意志运动发生联系。

1839 年春，在该派机关刊物《德意志电讯》发表《乌培河谷来信》，揭露封建专制制度和宗教虔诚主义的黑暗，倾注了对劳动人民的同情。

1841 年 9 月至 1842 年 10 月，他在柏林炮兵部队服兵役，旁听柏林大学的哲学讲座，参加青年黑格尔派的活动。在此期间，他先后发表了《谢林论黑格尔》《谢林和启示》以及《谢林——基督教的哲学家》等册子，尖锐批判了宣扬天启哲学的唯心主义哲学家谢林，他还著文揭露以德皇威廉四世为代表的德国封建专制制度，成为一个坚定的革命民主主义者。

1841 年费尔巴哈的《基督教的本质》一书发表后，恩格斯接受了费尔巴哈的唯物主义思想。

（2）终生挚友

1844 年 2 月，在马克思主编的《德法年鉴》上发表《政治经济学批判大纲》，初步揭示了资本主义私有制的绝对不可调和的内在矛盾。1844 年 8 月底，恩格斯在回国途中绕道巴黎会见了马克思，开始了二人的终身合作。

1844 年 9 月至 1845 年 3 月，他在巴门写作《英国工人阶级状况》，描述了无产阶级的悲惨处境和历史使命，表明恩格斯已经完成了两大转变。

1844年与马克思合写《神圣家族》，1844年11月到1845年5月又合写《德意志意识形态》。

1846年春，恩格斯和马克思在布鲁塞尔创建共产主义通讯委员会。同年秋天，赴巴黎开展活动，争取和教育正义者同盟的成员，使之摆脱非科学社会主义的影响。

1847年1月，恩格斯和马克思一起加入正义者同盟。6月，和马克思商议后，他出席在伦敦举行的共产主义者同盟第一次代表大会，以科学社会主义为指导创立了第一个无产阶级革命政党。同年10月，他被选入同盟巴黎区部委员会，并受委托起草同盟的纲领草案（即《共产主义原理》），用问答的体裁初步阐明了科学社会主义的基本原理。11月，与马克思一起出席同盟第二次代表大会，并任大会秘书。大会接受了马克思和恩格斯的主张，制定了符合民主制原则的章程，并委托他们起草同盟的纲领。

1848年2月中旬，在《共产主义原理》基础上，马克思和恩格斯起草的《共产党宣言》在伦敦出版。2—3月期间，欧洲资产阶级革命相继在巴黎、柏林、维也纳等城市爆发；3月，恩格斯当选为共产主义者同盟中央委员会委员，在巴黎与马克思共同拟订了《共产党在德国的要求》。4月，他们到达德国科隆。恩格斯担任《新莱茵报》编辑，协助马克思主持该报编辑部工作。他还曾去巴门和莱茵省的其他城市活动。

1848年秋至1849年初，为了躲避官方的追捕，流亡到比利时和瑞士，在瑞士协助组织工人协会。

1849年5月，在爱北斐特参加武装起义。6月，在巴登·普法尔茨任维利希志愿军团副官，亲临前线参加战斗。起义失败后流亡到瑞士。11月抵伦敦，当选为同盟中央委员会委员，负责改组同盟工作。1850年3月和6月，先后两次与马克思合作起草《中央委员会告共产主义者同盟书》。为了支援陷于极端贫困的马克思一家，恩格斯不得不于该年迁居曼彻斯特，在欧门—恩格斯公司再度经商。在曼彻斯特居住期间，恩格斯同马克思保持了频繁的通信联系，共同研讨国际工人运动的理论和策略，探讨各个领域里的学术问题，并互相交换意见。恩格斯进行了广泛的理论研究，尤其对军事学、语言学和自然辩证法作了深入的探讨。

1851年11月至1852年11月，恩格斯为《纽约每日论坛报》撰写了一组题为《德国的革命与反革命》的文章，深刻总结了1848—1849年德国革命的经验，提出了“武装起义是一种艺术”的著名论断。

1857到1859年，他为《美国新百科全书》撰写了许多军事条目。

1861到1865年，恩格斯撰写了关于美国内战的许多文章。

1864年，第一国际成立后，恩格斯同马克思一起参加了国际的领导工作，跟蒲鲁东派、巴枯宁派、工联派、拉萨尔派进行了路线的斗争，为马克思主义在国际工人运动中的主导地位奠定了基础。

1867年，他撰写了许多篇战争评论。

1869年7月，恩格斯终于摆脱商人生涯。

1870年10月，移居伦敦，与马克思再度相聚。

1870年10月，经马克思提议，他当选为国际总委员会委员，任比利时、意大利、西班牙、葡萄牙和丹麦的通讯书记和总委员会财务委员。巴黎公社期间，他和马克思一起组织声援公社的活动。

1871年3月巴黎公社建立后，同马克思一起支持公社，在演说和信件中高度评价巴黎工人的革命精神和英雄气概，阐明公社的历史意义。在1871年9月举行的国际伦敦代表会议上，恩格斯根据巴黎公社的经验提出工人阶级必须参加阶级斗争并建立同一切旧政党相对立的无产阶级独立政党。

1872年9月国际海牙大会期间，恩格斯与马克思一起为击败巴枯宁阴谋集团，通过关于政治问题和组织问题的决议作出了重要贡献。根据恩格斯的提议，国际总委员会迁至纽约。海牙大会后，他写了《论权威》、《社会主义民主同盟与国际工人协会》（与马克思合写）等论著，从政治上、理论上和组织上全面揭露和批判了巴枯宁集团的无政府主义和分裂主义，深刻阐述了民主与集中、民主与专政的辩证关系。国际工人协会解散以后，恩格斯与马克思一起为在各国传播科学社会主义理论、建立和发展社会主义政党而努力斗争。

1875年3月，他在给倍倍尔的信中阐明了他对德国工人运动中两派合并的立场，批评了党内某些领导人追求无原则合并的错误。

1876年至1878年，他写了一组题为《欧根·杜林先生在科学中实行的变革》的文章（即《反杜林论》），在批判杜林的唯心主义先验论和小资产阶级社会主义时，第一次系统地阐发了马克思主义的三个主要组成部分——哲学、政治经济学和科学社会主义理论，以及许多自然科学的基础理论。

1880年夏，应法国工人党领导人拉法格的要求，把《反杜林论》中的某些章节改编为《空想社会主义和科学社会主义》（即《社会主义从空想到科学的发展》）。这本被马克思称为科学社会主义入门的小册子，对普及马克思主义基本理论起了重要作用。

1873年至1883年间，恩格斯拟定了《自然辩证法》的写作提纲，完成了若干篇章和片段，奠定了自然辩证法的研究基础。

（3）国际领袖

1883 年马克思逝世后，恩格斯独自肩负起指导国际工人运动、整理和出版（或再版）马克思遗著、捍卫和发展马克思主义理论、培养各国年轻的社会主义活动家和理论家的重任。

1885 年 7 月，恩格斯在晚年承担了整理、出版马克思未完成的《资本论》第二、三卷手稿的巨量工作，《资本论》第二卷出版。

1887 年 1 月出版了《资本论》第一卷英文版。他还再版了马克思的其他著作以及共产主义者同盟的著名活动家威廉·沃尔夫、格奥尔格·维尔特等人的作品，并筹备出版马克思全集。

恩格斯 1888 年写了《路德维希·费尔巴哈和德国古典哲学的终结》，揭示了马克思主义同黑格尔和费尔巴哈哲学的关系，阐释了辩证唯物主义和历史唯物主义的基本原理。

1890年11月28日是恩格斯70岁生日，来自世界各地的党组织和朋友纷纷表示要为他祝寿。但恩格斯婉言谢绝了这份盛情，他认为所有的荣誉都应该归功于马克思，自己承受不起太多的赞誉。他还有大约3万英镑的财产，3/8给了马克思的女儿劳拉和爱琳娜，1/3给了马克思长女珍妮的孩子们，1/4连同家具赠给了他的秘书路易莎。

3. 主要思想

（1）与马克思合作创立马克思主义

1844 年 9 月，与马克思合写《神圣家族》一书，批判黑格尔哲学中的唯心主义，阐述辩证唯物主义和历史唯物主义的一些重要原理。1845 年至 1846 年间两人合著《德意志意识形态》一书，这部著作是对历史唯物主义的第一次系统阐述。1845 年，恩格斯写出《英国工人阶级状况》一书，第一次明确地指出无产阶级所处的政治经济地位必然推动它去争取自身的解放。恩格斯和马克思于 1846 年初在布鲁塞尔建立共产主义通讯委员会，同各国的社会主义团体建立联系，宣传科学社会主义。1847 年马克思、恩格斯应邀加入德国工人的秘密组织正义者同盟，并积极参加它的改组工作。恩格斯出席同盟在 6 月召开的第一次代表大会，向大会阐述科学社会主义的基本原理，把旧的同盟改组为共产主义者同盟。1847 年 12 月至 1848 年 1 月，马克思和恩格斯合著的《共产党宣言》第一次公开竖起共产主义运动的旗帜，是一个周详的理论和实践的党纲，标志着马克思主义的诞生。

（2）对工人运动的影响

相对于马克思的理论表现而言，恩格斯更倾向于通过实际的工作为工人阶级实现权益。马克思在1883年逝世后，恩格斯继续领导国际工人运动达12年之久，并于1889年成立第二国际。恩格斯晚年把注意力主要放在民主国家里组织无产阶级合法政党社会民主党，在宪法的框架下为工人争取具体的经济利益和政治地位，但他多次论述了无产阶级不能放弃暴力革命的道理。

（3）《自然辩证法》的影响

《自然辩证法》是恩格斯 1873—1882 年撰写的一部未完成的手稿，由论文、札记和片段等组成，是他研究自然界和自然科学的辩证法问题的重要著作。恩格斯在这部著作中论述了自然科学史、唯物辩证的自然观和自然科学观、自然科学和哲学的关系、自然界的辩证法规律和自然科学的辩证内容、自然研究中的认识论和方法论问题。这部著作开辟了马克思主义哲学的一个新领域，为自然辩证法这一学科奠定了理论基础。

4. 主要作品

（1）《反杜林论》：集中当时多门科学的重要成果，批驳了杜林的理论。在李卜克内西的建议下，在马克思的帮助下，恩格斯在1878年出版了《反杜林论》一书。这部论战性的著作从哲学、政治经济学和社会主义三个方面对所谓“社会主义的行家”杜林作了根本的批判，全面阐发了马克思主义的基本观点，从而肃清了杜林小资产阶级社会主义思想在党内的影响，确保了马克思主义的指导地位，因而被誉为“马克思主义的百科全书”。

（2）《路德维希·费尔巴哈和德国古典哲学的终结》：对哲学问题作出经典概括，为划分唯物主义和唯心主义提出了科学标准。该书对马克思、恩格斯创立马克思主义的历史过程，特别是德国古典哲学对马克思主义哲学的影响作了历史的、深刻的论述，对于我们理解马克思主义诞生过程、把握马克思主义哲学同黑格尔哲学、费尔巴哈人本主义的关系具有重要意义。这可谓恩格斯晚年的自我澄清与自我总结。

（3）《自然辩证法》：体现马克思主义哲学的世界观、认识论、方法论的统一，构成马克思主义哲学的一个组成部分。正如恩格斯所强调的，他不是“把辩证法的规律从外部注入自然界”，而是“从自然界中找出这些规律并从自然界里加以阐发”。可以说，恩格斯的《自然辩证法》丰富了唯物主义辩证法的内容，是恩格斯晚年的重大创新。

（4）《家庭、私有制和国家的起源》：用唯物史观阐明了国家的实质和其消亡的必然性，成为历史哲学研究的主要作品。

5. 后人评价

恩格斯同马克思一起创立了马克思主义，同时在军事理论领域造旨很深、建树卓著，提出了有关战争、军队、军事学术和军事史的学说，为无产阶级军事科学奠定了基础。

列宁评价说：一盏多么明亮的智慧之灯熄灭了，一颗多么伟大的心脏停止跳动了！在他的朋友卡尔·马克思之后，恩格斯是整个文明世界中最卓越的学者和现代无产阶级的导师。

6. 恩格斯与马克思的关系

马克思在思想上是富有者，在经济上却是贫困户，这位对资本主义经济有着透彻研究的经济学家，本身一贫如洗。如果不是恩格斯在经济上长期无私的援助，马克思是无法领导国际无产阶级运动和专心理论创作的。从 1852 年 2 月 27 日给恩格斯的信中可以看到这位全世界著名理论家的困境，马克思写道："一个星期以来，我已达到非常痛苦的地步：因为外衣进了当铺，我不能再出门，因为不让赊账，我不能再吃肉。"不久又写信向恩格斯倾诉："我的妻子病了，小燕妮病了，琳蘅患有一种神经热，医生我过去不能请，以后也不能请，因为没有买药的钱。八至十天以来，家里吃的是面包和土豆，到底是否能够弄到这些，还成问题。"

对马克思的困境，恩格斯当作是自己的困难。他在给马克思的信中写道："2 月初我将给你寄 5 英镑，往后你每月都可以收到这个数。即使我因此到新的决算年时负一身债，也没有关系。当然，你不要因为我答应每月寄 5 英镑就在困难的时候也不再另外向我写信要钱，因为只要有可能，我一定照办。"此时的恩格斯在欧门—恩格斯公司里只是一个普通的小办事员，收入也十分低微。他后来做了公司的经理，月薪有了提高。从 1860 年以后，对马克思的支援增加到了每月 10 镑，还常常"另外"给些资助。从 1851 年至 1869 年，马克思总共收到恩格斯的汇款3121镑。对当时的恩格斯来说，这已是倾囊相助。

马克思、恩格斯的革命友谊长达40年。正如列宁所说，“古老传说中有各种非常动人的友谊故事”，但马克思、恩格斯的友谊“超过了古人关于人类友谊的一切最动人的传说”。

（二）马克思同时代的思想家——蒲鲁东

1. 人物简述

蒲鲁东

蒲鲁东（1809年1月15日—1865年1月19日），法国政论家、经济学家，小资产阶级社会主义者，无政府主义奠基人之一。蒲鲁东被称为无政府主义之父，首先使用安那其（Anarchy）一词表述社会的无政府状态。他否认一切国家和权威，认为它们维护剥削，扼杀自由。反对政党，反对工人阶级从事政治斗争，认为其主要的任务是进行社会改革。无政府主义与改良主义合成一体，提出所谓“互助主义”的救世良方。主张生产者根据自愿原则，通过订立契约进行互助合作，彼此“等价交换”各自的产品。这种空想的互助主义方案建立在小生产者的小私有制基础之上，其目的是形成生产者之间“永恒的公平”，防止他们遭受破产的厄运，使小私有制永世长存。蒲鲁东的学说和政治活动对巴黎公社前的法国工人运动颇有影响。

2. 人物主要生平

蒲鲁东出生在贝桑松一个农民兼手工业者家庭，曾在印刷厂当排字工人，后与人合伙开办小印刷厂。1837 年迁居巴黎，从事著述活动。1840 年发表《什么是财产》，提出“财产就是盗窃”的论点，蜚声于世。该书从小资产阶级立场出发批判资本主义大私有制，认为可以通过保护小私有制摆脱资本主义的各种弊端。

1846 年发表《贫困的哲学》，企图以政治经济学来论证自己的改良主义思想，反对工人阶级的革命斗争。

1848 年革命发生以后，开始从事实际的社会改革活动，曾任《人民代表》报和《人民之声》报主编，被选为国民制宪议会议员。

1849 年因著文反对路易·拿破仑·波拿巴被捕入狱，被判三年徒刑和 3000 法郎罚款。在狱中写成《一个革命家的自白》和《十九世纪革命的总观念》，1852 年获释。

1858 年在《论革命与教会的正义》一书中激烈抨击天主教会，在再次被捕威胁下流亡比利时。1862 年遇赦回国，继续宣扬无政府改良主义思想。

3. 主要思想

后人将蒲鲁东的主要思想称为“蒲鲁东主义”，蒲鲁东在《什么是财产》《贫困的哲学》《社会问题的解决》《一个革命者的自白》和《19 世纪革命的总观点》等著作中，全面系统地阐述了他的小资产阶级社会主义和无政府主义的观点。蒲鲁东主义认为共产主义和资本主义都有弊病，都不合乎理性，以“个人占有”为基础的“互助制”社会是最好的社会模式；主张建立以无息贷款为基础的“人民银行”作为改造资本主义制度、实现“互助制”社会；宣扬阶级调和与和平革命，反对暴力革命和无产阶级专政；鼓吹个人绝对自由，反对任何国家和政府，反对一切权威。蒲鲁东主义的核心，是幻想通过和平改良的办法，建立小手工业生产制，实现小资产阶级的社会主义。

4. 后人评价

在第一国际早期，蒲鲁东主义颇有影响力。蒲鲁东主义不但在法国，而且在西班牙、意大利等国家广为流传。在第一国际初期，蒲鲁东主义者曾把持了国际巴黎支部，反对第一国际的正确路线。马克思对蒲鲁东主义进行了极其尖锐而深刻的批判，恩格斯认为“整个蒲鲁东主义都渗透着一种反动的特性”。列宁也指出，曾经在罗曼语各国流行一时的蒲鲁东主义“没有任何学理、任何革命学说和革命理论”，它“分散工人运动”“在否定政治的幌子下使工人阶级服从资产阶级的政治”。

5. 蒲鲁东与马克思的关系

1844 年冬天，马克思居于巴黎时与蒲鲁东相遇并交往，帮助他学习黑格尔哲学，两人就一些问题进行过“整夜的争论”。此后，马克思一方面吸取和保护蒲鲁东思想中的积极因素，另一方面又经常指出他的缺陷，希望他能摆脱小资产阶级社会主义的立场，但蒲鲁东始终没有接纳，最终两人因立场不同而分道扬镳。

1846 年初，马克思和恩格斯在比利时的布鲁塞尔创立了共产主义通讯委员会，为建立一个国际无产阶级政党做准备。1846 年 5 月 5 日，马克思给蒲鲁东写信，邀请他担任委员会在巴黎的通讯员。蒲鲁东于 1846 年 5 月 17 日从里昂回了一封信，完全暴露出他小资产阶级社会主义者的面目，使得马克思与他的分歧公开化终至无法弥合。此后为了维护国际工人运动的根本利益，马克思、恩格斯在《哲学的贫困》《共产党宣言》和《论住宅问题》等著作中深刻地揭露和批判了蒲鲁东主义。巴黎公社以后，蒲鲁东主义在国际工人运动中的影响基本消除。

（三）马克思的亲密朋友——威廉·沃尔夫

1. 人物简述

威廉·沃尔夫

威廉·沃尔夫（1809 年 6 月 21 日—1864 年 5 月 9 日），德国和国际工人运动早期活动家、政论家。德国塔尔努夫的一所学校校长。1831 年参加了激进的学生运动，并因此在 1834 年—1838 年坐牢。1846 年在布鲁塞尔与马克思、恩格斯结为朋友，关系密切。沃尔夫在去世前将一生辛勤积攒下的 800 多英镑赠送给马克思。这在当时是一笔不小的财产，正是这笔财产帮助马克思完成了《资本论》。

2. 人物主要生平

在大学读书时，沃尔夫作为一个自由主义鼓动者，积极参加了当时的学生运动，竭力反对普鲁士政府的暴政，因而在 1834 年到 1839 年间，曾经数次被统治阶级关进西里西亚的普鲁士监牢。获释后，沃尔夫不得不暂时充当家庭教师，以谋取生活，同时不断地参加西里西亚纺织工人反抗普鲁士政府的武装起义。后来被迫逃亡国外。

1846 年春天，沃尔夫来到布鲁塞尔，便立刻加入了马克思直接领导下的共产主义者通讯委员会，投入火热的无产阶级革命斗争中。由于沃尔夫同西里西亚的社会主义者和先进纺织工人有着密切的联系，马克思便委托他到西里西亚进行共产主义的宣传组织工作。沃尔夫忠实地遵照马克思的指示，在西里西亚迅速地建立了一个同布鲁塞尔保持经常联系的共产主义者小组。

1847 年初，马克思和恩格斯接受邀请加入了共产主义者同盟，同年夏天共产主义者同盟在伦敦召开了第一次代表大会，沃尔夫代表布鲁塞尔共产主义者团体出席了这次代表大会。代表大会结束后，马克思和恩格斯在布鲁塞尔成立了共产主义者同盟支部和区部委员会，沃尔夫当选为同盟区部的委员。他积极地参与同盟支部和区部领导下的工人教育协会的工作，担任该协会秘书职务。工人教育协会拥有一百多名会员，任务是在工人群众中开展共产主义的宣传教育工作。在这些宣传教育工作中，他大力宣传共产主义者同盟对西欧工人运动的一切最重要问题的政纲。在布鲁塞尔期间，沃尔夫经常为共产主义者同盟机关报《共产主义杂志》和《德意志—布鲁塞尔报》撰稿。

从 1848 年 3 月起，沃尔夫被选为共产主义者同盟中央委员会委员，成为一个卓越的共产主义政治活动家。沃尔夫是 1848 年到 1849 年欧洲革命的积极参加者。1848 年春天巴黎爆发革命后，沃尔夫就跟随马克思和恩格斯从布鲁塞尔来到巴黎，组织共产主义者同盟新的中央委员会，指导当时法国和德国的工人运动。不久沃尔夫回到德国布勒斯劳，后转科隆参加马克思主编的《新莱茵报》编辑部的工作。沃尔夫为它撰写了不少政论时评文章，对当时西欧工人运动的蓬勃开展，起到了很大的推动作用。由于《新莱茵报》坚贞不屈地捍卫无产阶级利益，遭受了反动派的仇视和迫害，于同年 9 月 27 日被迫停刊，沃尔夫也在此时被捕。在马克思的大力营救和社会舆论声援下，反动派不得不把沃尔夫释放。

1850 年初，一批德国流亡者违背共产主义者同盟坚持成立无产阶级政党独立组织的原则，在瑞士苏黎世组成了一个“革命集中”联合会。沃尔夫——这个共产主义者同盟的忠实可靠者，受马克思委派，打入该联合会中央委员会进行秘密活动。5月间，沃尔夫把获得的关于联合会组织活动情况，和这个组织的代表布龙在德国进行阴谋活动的情报，详尽地报告给马克思。马克思随即又遣派了一名特使到瑞士，同沃尔夫共同工作，并开展在瑞士建立共产主义者同盟的组织活动。

1850年9月，共产主义者同盟中央委员会发生分裂后，沃尔夫和恩格斯先后流亡到英国，而马克思则一直留在伦敦专心致力于科学研究工作。从此，沃尔夫和马克思的直接合作宣告终止。

沃尔夫在流亡生活中，又开始了他早年的困苦的教师生涯。尽管他勤奋工作，但贫病交迫，一直到逝世前不久，才得到他父亲留给他的一笔遗产。1864年春天，沃尔夫身患不治之症，恩格斯在4月29日给马克思的信上一开始就写道："天狼星（沃尔夫的绰号）为风湿性头痛所苦，达到极点，那病是你在这里的时候发生的，没有间断过，而且愈来愈坏。"

不幸的消息来到了。马克思在1864年5月2日那天，接连收到恩格斯寄来的两封通知沃尔夫病危的快信。1864年5月9日，威廉·沃尔夫与世长辞，终年五十五岁。

3. 后人评价

对于沃尔夫的革命的战斗的一生，后人借用梅林的一段话予以评价："沃尔夫具有高贵品质，他坚定的德性，无瑕的忠贞，敏感的良心，始终不变的无我精神，和表里如一的谦逊，使他成为模范的革命斗士，使他得到朋友和敌人的敬重，不论他们是支持或仇视他的政治意见的。"

4. 沃尔夫与马克思的关系

早在1846年春天，马克思在比利时布鲁塞尔组织共产主义者通讯委员会时，沃尔夫就结识了马克思，而且他们之间立即建立了真挚的革命友谊。当时，在布鲁塞尔的革命者中，除恩格斯以外，就数沃尔夫同马克思的关系最为密切。从那时起，沃尔夫就成为马克思和恩格斯在共同为共产主义事业而奋斗的忠诚战友，他们之间难能可贵的革命友谊，保持了将近二十年之久，一直到沃尔夫逝世。

后来，马克思夫人燕妮在《动荡的生活简记》中写道："鲁普斯（沃尔夫的别号）逝世了。在他的遗嘱中，除了其他一些人得到不大数目的遗产外，他指定把自己大部分遗产给卡尔、我和孩子们。现在才弄明白，这位俭朴节省度日的人，由于非常勤勉和努力，积存了一千英镑数目庞大的财产；但他并不想在晚年安稳地和无忧无虑地来享受自己的劳动果实。他给了我们帮助，减轻了我们的负担，使我们从生活的烦恼中摆脱出来。"沃尔夫在临终时的友爱，给予了马克思写作《资本论》第一卷所必需的长期的安宁，这是他对于无产阶级革命事业作出的更为宝贵的贡献。

（四）马克思同时代的革命家——巴枯宁

1. 人物简述

米哈伊尔·亚历山大罗维奇·巴枯宁

米哈伊尔·亚历山大罗维奇·巴枯宁（1814年5月30日—1876年7月1日），俄罗斯早期无产阶级革命者，著名无政府主义者。出生在俄罗斯贵族地主家庭。1849年曾参加德意志革命，后被捕引渡回国。1861年逃往英国，1864年加入第一国际。但在此期间，他玩弄各种阴谋，企图分裂第一国际，篡夺国际领导权。他的这些伎俩，一再被马克思主义者戳穿。1872 年，在第一国际海牙代表大会上，他指使其党羽搞分裂活动，最终被大会开除出第一国际。1876 年病死于瑞士。

2. 人物主要生平

（1）青年时代

1814 年 5 月 30 日，巴枯宁出生于俄国特维尔省的一个叫普里阿姆基诺的小地方。他在 14 岁时被送到圣彼得堡炮兵学校，但是他很快就对军营失去了兴趣，并试图用各种办法摆脱这里。1840 年，26 岁的巴枯宁在柏林学习，黑格尔理论对巴枯宁的影响是深刻的，它引导巴枯宁走上了革命的道路。就在那时，他决定不再返回俄国。在巴黎，他结识了马克思和恩格斯，并常常与德国和波兰的流放人士在一起，后来他认识了蒲鲁东，并很快成了朋友。

（2）街垒巷战

1848 年初，“二月革命”在巴黎爆发。巴枯宁闻讯立即回到巴黎，并热情投入到激昂的运动中。集会、游行、街垒抗争中都有他的影子。在他看来，所有国家都应该去除暴君。巴枯宁随后来到德国的德雷斯顿，这里也出现了革命风潮。巴枯宁自然加入革命运动并成为主要成员。可是和其他地方一样，运动还是以反动势力凯旋收场，他被投入监狱。当局对他的审判拖了又拖，直到 1850 年他被判处死刑，稍后改判终身强制劳动。奥地利和俄国都要求将他引渡。最后德国人把他交给奥地利，奥地利又在 1851 年 5 月将他引渡回俄国。

（3）狱中

巴枯宁回到了俄国，被关在圣彼得堡的皮埃尔保罗城堡中。在狱中他写了一份著名的（对沙皇尼古拉一世的）《忏悔书》，恭维沙皇是“慈父”，并承认自己“是个十恶不赦的罪犯！”表示向沙皇“伏地求恩”。由于巴枯宁的卑躬屈膝，其之后连续得到减刑。在西伯利亚流放期间，总督是他的舅父，他被委派到各地去巡视，趁机逃出西伯利亚。

（4）再次革命

巴枯宁经过日本、美国，于1861年重返欧洲。他把自己打扮成越狱归来的“英雄”，以“老革命”自诩。很快他就和1848年以前认识的革命人士重新取得联系。这时，起义在波兰再次爆发，很多志愿者组织起来试图经过俄国水道输送支持力量。巴枯宁也加入了这一行动，他历经惊险曲折，两次赴瑞典。

1866年巴枯宁赴日内瓦参加“和平与自由联盟”代表大会，被推选为常务委员会成员，负责策划行动计划。在这一阶段，他写下了论著《联邦主义，社会主义与反对神学主义》，并结识了后来成为他思想传人的詹姆士·季佑姆。

1868年，巴枯宁先以个人身份加入“国际劳工联合会”。他进而要求将“社会民主国际联盟”纳入“国际劳工联合会”。开始，该要求遭到拒绝，后来还是获得同意，但是以“联盟”地方分会的名义被接纳。

在1872年的国际海牙代表大会上，巴枯宁指使其党羽搞分裂活动，而后他和季佑姆被“国际劳工联盟”开除。接下来不到两年时间，这个组织也完全消失。

在1874年巴枯宁又参与意大利波伦亚一次市民起义的发动工作。事实上他对起义的成功并不乐观，但“死在街垒战地”是他一直以来的愿望。起义计划后来被警方发现而流产。

3. 主要思想

巴枯宁认为，自由是个人的绝对权力，是道德的唯一基础，无自由即无幸福。国家按其性质来说，必然是对外实行侵略，对内庇护特权阶级，剥削人民劳动的暴政独裁工具。有国家必然有统治，有统治必然有奴役，有奴役即无自由。他主张立即摧毁和破坏一切国家，只有国家的消灭才有资本、剥削和奴役的消灭。他提出要摧毁国家必须不断地进行暴动，由个人坚强意志领导的密谋团体组织全民暴乱是推翻资本主义的唯一途径。巴枯宁虽然认为农民是无政府主义的社会基础，但把流氓无产者看作暴动的主要力量，认为在他们身上包含着未来社会革命的全部智慧和力量，他把未来社会描绘成绝对自由的无政府状态。他反对一切权威、社会立法和建立无产阶级政党，拒绝进行政治斗争，主张个人和社会的绝对“自治”。他的信条是“自由即至善”。巴枯宁的主张，19 世纪在瑞士、意大利、西班牙等国广泛传播，对现代西方无政府主义思潮也有一定影响。

4. 主要作品

巴枯宁的主要著作有《国际革命协会的原则和组织》（1866）、《革命问答》（1869）、《上帝与国家》（1870—1871）、《国家制度和无政府状态》（1873）等。其中 1866 年写成的《国际革命协会的原则和组织》，标志其无政府主义思想已逐渐形成。他认为，人类进化的目标在于完成人性，只有当个人得到绝对自由时人性才能获得最完满的实现。包括无产阶级专政在内的一切国家都是同个人自由相对立的，因而是违反人性的。他反对各种形式的政治斗争，主张通过暴动和不间断的破坏立即消灭国家，然后建立一个自下而上的各个自由公社组成的联邦。联邦中的所有个人和团体都是绝对自由的，不受任何权力的支配。另外巴枯宁于1873年发表的《国家制度和无政府状态》，集中表达了他的无政府主义思想。

5. 后人评价

与马克思不同，巴枯宁的一生风暴迭起。每一次反抗政府的行动总能得到他的同情，在支持这些行动时他从来不计较个人安危。他的影响无疑是巨大的，而这种影响主要是通过其个性魅力对一些重要人物的影响而体现出来的。他的著述也像他的生活一样，与马克思的著述大不相同。他写的东西没有什么条理，大都是即兴而作，除了一些谈论当时政治情况的篇章外，一般是抽象的和形而上学的。他从不面对经济事实，通常是一头扎进理论和形而上学的领域。和马克思相比，一旦他从这些领域脱身出来，他更要受制于当时的国际政治形势，而不相信经济因素是决定性的。他赞扬马克思的经济学说，可他仍然从国家的角度思考问题。他篇幅最大的著作《鞭笞统治的日耳曼帝国和社会革命》主要就是谈论普法战争后期法国的形势以及抵抗日耳曼帝国主义的措施。他的多数著作都是在每两次起义之间的间隔期内仓促写成的。他的文字杂乱无序，倒也真有点无政府主义的味儿。他最著名的作品是《上帝与国家》，而这不过是其思想的残篇断章。在这部著作中他表明对上帝的信仰和对国家的信仰乃是人类自由的两大障碍。

6. 巴枯宁与马克思的关系

马克思与巴枯宁本人一生共有三次会面。第一次是1844年的巴黎会面。当时的马克思与巴枯宁都已经接触了黑格尔主义，两人都以黑格尔主义为出发点，但马克思在深刻研究经济学之后，转变为历史唯物主义，而巴枯宁则在蒲鲁东的引导下，转变为无政府主义。因此，二人初次见面就注定了他们之间有一道永远不可跨越的鸿沟。第二次是 1848 年的布鲁塞尔会面。当时的马克思正投身于《共产党宣言》的编撰，而巴枯宁则一心想着革命。并且当时巴枯宁已经在内心深处对马克思产生反感，在他看来，马克思自高自大居心叵测。第三次会面是 1864 年底的伦敦会面。当时的巴枯宁可以称得上是一位传奇人物，因为参加德累斯顿起义而被判了死刑，后凭借自己巧舌如簧，在两次上书国王之后被流放到西伯利亚，又从西伯利亚逃回欧洲。当时在革命者中流传着他的传奇故事，他因为这 11 年的大牢经历而声名大噪。而当时马克思的第一国际刚刚成立，迫切需要像巴枯宁这类具有非凡影响力的人物加入，两人很快进入蜜月期，并将国际共产主义运动推向高潮。此间，马克思在给恩格斯的信件中写道：我很喜欢他，而且比过去更喜欢。但二人之间的分歧在这次合作中很快暴露，最终于1872年国际海牙大会决裂。从实质来看，造成两人之间产生分裂的原因，并不是权力之争，而是唯物主义与无政府主义之间的斗争。

马克思与巴枯宁曾进行了长达数十年的争斗。对于自由，马克思主义者认为自由是有条件的，应该是实践的自由，而巴枯宁则认为自由应该是绝对无条件的，是神圣不可侵犯的；对于国家，马克思主义者认为应该建立无产阶级专政，而巴枯宁则认为应该建立一种自治性联盟来代替国家；对于权威，马克思主义者认为权威的存在是社会稳定的保护伞，而巴枯宁则宣扬要废除权威，反对一切权威的存在。

（五）马克思曾经的密友——布鲁诺·鲍威尔

1. 人物简述

布鲁诺·鲍威尔（1809 年 9 月 6 日—1882 年 4 月 13 日），德国

布鲁诺·鲍威尔

哲学家，青年黑格尔派代表之一，是马克思青年时期的良师益友，在1839年—1844年与马克思交往甚多，柏林大学毕业。曾在柏林大学、波恩大学任教，因发表《同观福音作者的福音史批判》而遭解聘，从此退隐。他否认福音故事的可靠性以及耶稣其人的存在。将黑格尔的自我意识解释为同自然相脱离的绝对实在，并用它来代替黑格尔的“绝对精神”，宣称“自我意识”是最强大的历史创造力。

2. 人物主要生平

鲍威尔家的三兄弟（布鲁诺、埃德加、埃格伯特）被马克思和恩格斯戏称为“神圣家族”，这恰恰说明了三兄弟在当时的影响之大。特别是布鲁诺·鲍威尔，曾跟随黑格尔学习神学，在黑格尔的指导下完成了自己的博士论文《论康德哲学的原则》，然后一直在柏林、波恩的大学里任教。马克思比布鲁诺·鲍威尔小九岁，也是他的学生，在1839年夏天开始的学期里，听过鲍威尔关于《以赛亚书》的课程，马克思是鲍威尔家的常客，即便是鲍威尔迁居波恩以后也经常上门拜访。1839年—1841年鲍威尔指导或授意马克思完成了自己的博士论文《德谟克利特的自然哲学和伊壁鸠鲁的自然哲学的差别》，鲍威尔是当时公认的“青年黑格尔学派”的领袖。他的最主要的奋斗目标就是要用一个世俗的政权取代当时德国的基督教国家性质，认为“信仰要成为理性，必须实现在国家中”。这本来是黑格尔的观点，但他在此基础上又多有发展。从1840年开始，鲍威尔写了一系列著作，声称耶稣是一个公元二世纪的犹太、希腊、罗马神学的聚合体。

3. 主要思想

（1）哲学

自我意识哲学构成了鲍威尔全部哲学思想的核心范畴。《复类福音作者批判》和《对黑格尔、无神论者和反基督教者末日的宣告》的发表，标志着鲍威尔自我意识哲学的形成。在这两部著作中鲍威尔对自我意识有着明确的说明：“批判的宗旨从开始起就是在福音书范围内揭示自我意识的遗迹。”“世界历史的唯一力量是自我意识，而历史除了自我意识的变异和发生意外没有任何别的意义。”在鲍威尔看来，自我意识就是一切的源泉，鲍威尔将自我意识放到了超自然的地位上了。

（2）宗教观、异化观和历史观

鲍威尔是第一个将宗教比作鸦片的人。在其著作中，他至少两次使用过“鸦片”一词。在鲍威尔看来，现存的生活使人们担心自己的家庭、遭遇、贫穷、灾难以及生死等等，这些都促使人们不得不相信有来世报。而宗教正是利用了人们的这种心理，用上帝的宽恕和来世的欢乐憧憬哄骗信徒，使他们安于现状，让他们处于一种麻木不仁的状态。基督教就是典型代表。鲍威尔认为，基督教强调超自然的世界，强调精神和肉体、灵魂和躯体、天国和尘世的分离，并肯定前者。处于恐惧、无知中的人们，就会迫不及待地寻求这种虚幻的拯救，并像吸食鸦片一样沉迷。

（3）国家观

鲍威尔的国家概念是深受黑格尔主义的影响的，黑格尔把国家看作一种自由的体现，看作自在自为的绝对理性。鲍威尔所设想的国家是统一和谐的，是完全自由的国家，无论是在思想精神领域还是政治领域都不存在着控制与束缚。因而他反对基督教国家，认为在这种国家里，宗教会成为主导一切的因素，因而国家的大小事务都会受教会教条的影响，人们只能受控于教会教条。在早期阶段，鲍威尔认为普鲁士具有这种理想国家的属性，对普鲁士王朝抱有幻想，期待着它能够发出变革国家的信号。

4. 主要作品

鲍威尔在1842年出版的小册子《布鲁诺·鲍威尔和他的反对者》中，把青年黑格尔派对宗教的批判看作反封建的革命。

1844年因出版《批判同教会和国家的争论》一书被德国当局判处监禁4年。他还写了一系列德国和法国的社会政治史的著作。1843年12月至1844年11月，他在报刊上竭力宣扬主观唯心主义和英雄史观，把自我意识、批判看作历史发展的动力，甚至认为工人所创造的只是某种单一的东西，是非精神的、非批判的对象，因而工人什么东西也没有创造，所以他们一无所有。

鲍威尔主要著作还有《福音的批判及福音起源史》《斐洛、施特劳斯、勒男与原始基督教》等。

5. 后人评价

鲍威尔思想丰富，在他的研究中，他不仅致力于宗教研究，还关注社会和政治事件，并对此进行了许多思想评论活动。在他一生的著述生涯中，他写过几十本著作和数百篇的论文，可以说鲍威尔是一位多产作家，他对宗教问题，尤其是对犹太教和基督教的问题，对德国和法国史，对政治问题以及各种社会、哲学问题进行了论述。

6. 鲍威尔与马克思的关系

鲍威尔作为青年黑格尔派的杰出人物，在马克思早期思想发展过程中占有重要地位。可以说，马克思思想的发展制约着二人的思想关系，而二人的思想演变又推动着马克思思想的发展。在二人亲密期，无论是学术创作还是职业选择，马克思都深受鲍威尔的影响。马克思的博士论文正是在鲍威尔自我意识哲学影响下完成的，从主题的选择到思想内容都有着鲍威尔思想的痕迹。论文中马克思对伊壁鸠鲁自我意识哲学高度赞扬，对上帝只是自我意识产物的证明，对“哲学的实践本身是理论的”的论证，都与鲍威尔有着惊人的相似之处。但是，马克思并不是完全复制鲍威尔。事实上，在评判伊壁鸠鲁在宗教问题上的自我意识立场、在怎样看待黑格尔哲学的问题上马克思都表现出了与鲍威尔的潜在差异。随着马克思对现实问题的探索和解决，马克思意识到了鲍威尔思想的局限性，因而，马克思为走出自我意识哲学的桎梏开始批判鲍威尔。从《论犹太人问题》开始，到《布·鲍威尔关于同俄国的冲突的小册子》结束。

经历了1848年革命，二人思想有了再次交锋。革命后二人走向了不同的学术探索之路，鲍威尔已转为一名政治右翼，但是无论是他的反对共和主义思想，还是反犹主义观点，抑或他对帝国主义的未来预测，都局限在他的精神领域，依旧不对现实加以关照；而马克思通过总结革命失败的经验教训，更加关照现实，将理论运用于实践，不断充实自己的科学理论。实际上，马克思与鲍威尔的思想分歧实质上是面对欧洲走向现代性问题而选择的两条不同路线。鲍威尔以自我意识为出发点，强调对于现实问题的解决在于精神，而不是现实；而马克思将目光投向现实斗争，投身于现实的政治斗争，选择的是一条经济分析与阶级斗争之路。

（六）马克思同时代的革命家——拉萨尔

1. 人物简述

费迪南德·拉萨尔

费迪南德·拉萨尔（1825年4月11日—1864年8月31日），普鲁士著名的政治家、哲学家、法学家、工人运动指导者、社会主义者，德国早期工人运动著名领导人，全德工人联合会的创立者，国际共产主义运动中机会主义路线的重要代表。1848年秋天他同马克思领导的莱茵民主主义者区域委员会和《新莱茵报》发生了密切联系，同年秋天结识了马克思。1859年出版的历史剧《弗兰茨·冯·济金根》，反对通过自下而上的革命道路统一德国，反映了唯心主义的历史观。1863年3月，发表《给筹备莱比锡全德工人代表大会的中央委员会的公开答复》，提出一整套机会主义理论作为工人政纲的基础。

2. 人物主要生平

（1）神童

1825年4月11日，拉萨尔出生在布勒斯劳的一个犹太富商家庭。少年时代的拉萨尔勤奋好学，曾被称为神童，他对古典文学很感兴趣，他阅读白尔尼、海因里希·海涅、戈特霍尔德·埃夫莱姆·莱辛等人的作品，受到民主主义思想影响。1843年底，拉萨尔通过中学毕业考试后，到布勒斯劳大学和柏林大学学习古典语言学、历史学和哲学。黑格尔的唯心主义哲学对拉萨尔产生极大影响，他认为学习黑格尔哲学是“精神上的一种再生”。他还接触了空想社会主义学说和皮埃尔·约瑟夫·蒲鲁东的著作，开始形成自己的社会主义思想。

（2）正义的律师

1846 年 1 月，拉萨尔在柏林结识了正与丈夫办理离婚和财产诉讼案的索菲娅·冯·哈茨费尔特伯爵夫人。他中断了学习，十分积极地包揽这一案件。他把受到封建迫害的伯爵夫人看作是阶级压迫的受害者，把这桩普通的财产纠纷说成是一场反对国家上层特权的革命斗争。此案延续了 8 年时间。

1848 年—1849 年革命爆发时，拉萨尔由于受到哈茨费尔特伯爵控告而入狱。1848 年 8 月，法院公开审理该案。拉萨尔为自己辩护，最后被宣告无罪释放。出狱后，他到革命运动高涨的莱茵省杜塞尔多夫，加入了革命民主派组织，不久成为杜塞尔多夫革命运动领导人之一。他十分敬佩马克思的渊博知识。

1848 年 10 月，维也纳起义失败后，普鲁士形势发生急剧变化。11 月普鲁士政府在柏林宣布戒严。莱茵民主主义者区域委员会号召莱茵省一切民主团体拒绝纳税，组织武装抵抗。拉萨尔积极响应，在杜塞尔多夫组织民主力量，赶制枪支弹药，准备武装起义。11 月 22 日，政府以“号召武装，反对王室”的罪名逮捕了拉萨尔，把他视作危险的煽动分子，企图给他定罪。马克思、恩格斯在《新莱茵报》上发表了三篇文章，揭露政府对拉萨尔的政治迫害和拖延审讯的阴谋。直到 1849 年 5 月 3 日，法庭才对此案进行审理，结果被判处 6 个月徒刑。当他出狱时，革命已经失败了。

革命失败后，在白色恐怖下，拉萨尔继续坚持斗争。他组织工人，宣传革命思想，帮助处于危难中的革命战友躲避政府的搜捕，为救济被捕革命者的家属做了组织工作。他在杜塞尔多夫的住处成了先进工人集会的场所和被迫害的革命者的避难所。马克思和恩格斯十分赞赏拉萨尔的政治才能，力图引导他摆脱哈茨费尔特案件，把主要精力用于工人运动。

（3）与马克思、恩格斯的冲突

哈茨费尔特诉讼案结束后，拉萨尔本应全力投身于工人运动，但是他没有选择这条正确的道路。他对工人群众的蔑视和他个人野心促使他不顾马克思、恩格斯和进步工人的激烈批评，执意离开莱茵省而迁居柏林，从事个人的“科学研究”。为了去柏林，他不惜向普鲁士当局写信，乞求“恩准”。

1859 年 4 月，爆发了意大利人民反对奥地利统治的民族解放战争。当时法国的路易·波拿巴对奥宣战，企图从中得利。面对这种形势，德国人民应采取什么策略？恩格斯出版了《波河与莱茵河》这本小册子，主张奥地利退出意大利，而德国人民应支持奥地利打败法国，从而促进本国革命力量的发展，通过人民革命道路自下而上地统一德国。马克思完全赞同恩格斯的意见。拉萨尔在恩格斯之后发表了小册子《意大利战争和普鲁士的任务》，却主张在意大利战争中采取中立政策，使奥地利在对法战争中失败，削弱奥地利，由普鲁士王朝自上而下地统一德国。拉萨尔的观点受到马克思的坚决反对。

（4）和俾斯麦谈判

1862 年 9 月，俾斯麦任普鲁士王国首相。资产阶级同容克地主阶级之间的宪法冲突日益激化，俾斯麦企图利用日益高涨的工人运动以钳制资产阶级。而拉萨尔也有心向俾斯麦妥协，幻想求得普鲁士国家帮助和实现普选。于是拉萨尔抛弃了反对容克贵族反动统治的同盟者自由资产阶级，转而同容克贵族的政治代表俾斯麦进行政治交易。从

1863 年 5 月 11 日开始，他们之间多次密谈和通信。拉萨尔把全德工人联合会的章程呈送俾斯麦，并表示工人阶级“本能地感到自己倾向于独裁”，只要国王“把自己从一个特权等级的王权变成一个社会的和革命的人民的王权”，那么工人阶级就会“倾向于把国王看作是与资产阶级社会的利己主义相对立的社会独裁的天然体现者！”拉萨尔向普鲁士王朝献媚的背叛行为和他在联合会中的个人独裁，激起越来越多的先进工人的反对。与此同时，马克思、恩格斯通过威廉·李卜克内西在德国工人和全德工人联合会中大力宣传科学社会主义理论，揭露拉萨尔的机会主义。不久，联合会中出现了以瓦尔泰希为首的反对派，拉萨尔的威望日益下降。1864 年夏，拉萨尔到日内瓦等地旅行。8 月 28 日，为一个女子而与人决斗负伤。8 月 31 日死去。

3. 主要思想

拉萨尔在《工人纲领》和《公开答复》中，在批判普鲁士政府的反动政策，阐明建立独立的工人阶级政党开展政治斗争的必要性的同时，宣扬所谓“铁的工资规律”，声称在资本主义制度下，工人的工资只是围绕平均工资上下波动，无法摆脱贫困。怎样才能提高工人的生活水平，实现工人的解放呢？拉萨尔开出了两个药方，一是“国家帮助建立合作社”，二是“普遍的、直接的选举权”。

4. 主要作品

1857 年 11 月，拉萨尔写成了《爱非斯的晦涩哲人赫拉克利特的哲学》。书中只是重复黑格尔关于赫拉克利特所说的那些话，并按黑格尔的样子来修改赫拉克利特，没有自己的创见。

1859年初，拉萨尔出版了历史剧《弗兰茨·冯·济金根》。这个剧本充分反映了拉萨尔唯心主义的历史观。1860—1861年，拉萨尔发表了《费希特的政治遗嘱和最新的现实》《哥特霍尔德·埃夫拉伊姆·莱辛》两篇论文和一系列哲学著作，如《黑格尔的逻辑学和罗生克兰茨的逻辑学以及黑格尔体系中的黑格尔历史哲学的基础》《既得权利体系》等。这些著作集中反映了黑格尔的唯心主义思想。1862年4月12日，对柏林郊区奥兰宁堡手工业协会做了题为《论当前历史时期与工人等级思想的特殊联系》的演说。这个演说后来以《工人纲领》为题用文字发表。它论述了工人阶级特殊的阶级地位和历史作用，提出通过普遍的和直接的选举实现工人阶级的解放。1863年3月1日，拉萨尔发表了题为《给筹备莱比锡全德工人代表大会的中央委员会的公开答复》的小册子。

5. 后人评价

拉萨尔是一个充满矛盾的人物。在德国工人运动摆脱资产阶级影响，走上独立发展道路，从单纯经济斗争转向政治斗争的过程中，拉萨尔起了重要作用，其功绩不应被抹杀。但是，他的机会主义理论又把刚刚独立的工人运动引入改良主义的歧途，拉萨尔主义成为德国工人运动健康发展的巨大障碍。拉萨尔的一生，正如恩格斯所说："无论把拉萨尔对运动的功绩评价得多么高，他在运动中的历史作用仍然具有两重性。同社会主义者拉萨尔形影不离的是蛊惑家拉萨尔。透过鼓动者和组织者的拉萨尔到处显露出一个办理过哈茨费尔特诉讼案的律师面孔。"

6. 拉萨尔与马克思的关系

拉萨尔在1848年秋天与马克思结识。1861年5月，马克思来到柏林，了解德国工人阶级的情况，要拉萨尔更多地关注正在觉醒的工人群众。拉萨尔向马克思建议在柏林共同创办一份像《新莱茵报》那样的大型民主主义报纸指导工人运动。虽然马克思、恩格斯很乐意能有一个直接向德国工人阶级讲话的阵地，但因为拉萨尔在政治上不可信任，并且拉萨尔提出在总编辑部，他必须拥有像马克思、恩格斯两人一样的决定权，遭到了马克思的拒绝。

1862 年 7 月，拉萨尔来到伦敦，向马克思介绍自己在工人中进行大规模鼓动的计划，并希望马克思同他合作，共同领导德国工人运动。他们就工人运动的路线和策略展开了激烈争论。拉萨尔认为，通过普鲁士国家帮助建立合作社，通过普遍的、直接的选举，是实现工人阶级解放的唯一道路。马克思严厉批驳了这种机会主义观点，强调工人运动必须坚持《共产党宣言》中已经提出的原则。这期间，又交织着马克思向拉萨尔“借债”和马克思要求拉萨尔帮助出版《政治经济学批判》一书所引起的个人纠纷，马克思认为拉萨尔已“无可救药”，从此马克思与拉萨尔决裂。

五、生活轶事

（一）马克思与燕妮——相伴一生的动人爱情

燕妮·马克思

燕妮·马克思（1814年2月12日—1881年12月2日），德国社会学家，出生于特利尔一个名门望族，一生追随马克思。她称自己是马克思的“秘书”，不仅为马克思抄写和影印了手稿，还与马克思一起讨论文章。在英国伦敦生活期间她不断通过德文报纸发表政治文章和论文。马克思敬重燕妮正直善良、疾恶如仇的性格，聪明颖悟、好学敏求的天赋；燕妮则钦佩马克思的高远志向和顽强毅力、勤勉精神和卓异才华。他们都深受启蒙思想和民主潮流的影响，憎恶恃强凌弱的黑暗势力和庸俗虚伪的市侩习气，向往人间平等、社会公正和精神自由。志趣的契合、理念的一致、心灵的共鸣，构成了两人相知相爱、不离不弃的思想基石。

燕妮8岁时就与马克思相识了，那一年马克思才4岁。他们从小就是邻居，两小无猜，感情深厚。马克思出身于平民家庭，父亲亨利希·马克思是德国特里尔市的一名律师；而燕妮则出生于世袭的贵族门第，其父约翰·路德维希·冯·威斯特华伦从1816年起担任特里尔行政区首席顾问，自 1834 年起成为政府枢密顾问。社会地位的高低悬殊、传统观念的森严壁垒、市井舆论的种种偏见，特别是威斯特华伦家族亲友的激烈反对，使马克思和燕妮的爱情面临着难以逾越的障碍。

贵族出身、年华似锦的燕妮，被公认为特里尔最美丽的姑娘和“舞会皇后”，许多英俊的贵族青年为之倾倒，求婚者络绎不绝。毫无疑问，她可以缔结一门荣华富贵的婚姻。但是她却蔑视封建社会和资本主义社会的一切传统观念，瞒着父母把自己许配给一个市民阶级的子弟。在她的眼中，马克思热爱学习，充满智慧，是一个可以终身依靠的人。这种视富贵如浮云、视门第为尘土，以才华、价值和理念为首选的择偶观放在当时社会来看，可能会被人嘲笑“很傻很天真”，但正是她坚定的选择，成就了这段旷世佳缘。

1836 年夏末，在波恩大学攻读法学的一年级学生马克思，回特里尔向自己热恋的姑娘燕妮求婚。燕妮就和 18 岁的马克思约定了终身。正是因为马克思的努力和燕妮的通达，这对年轻人最终还是突破了社会偏见，牵手成功。1836 年 10 月，马克思从离家不远的波恩大学转赴遥远的柏林大学读书，这意味着他们之间互相忠诚等待了相当漫长的一段时间。

和大部分追求者一样，马克思虽然在感情上坚定不移，但他也不愚笨，采取了一些聪明的套路为最后的成功添砖加瓦，比如燕妮的父亲老威斯特华伦男爵就率先被马克思征服了，他对未来的女婿所表现出的才华赞不绝口，称马克思是“一位出色、高尚且杰出”的年轻人。其实，在马克思拿下岳父大人之前，虽然威斯特华伦对两个年轻人之间私订终身的事情并不知情，但他一直对马克思有种特殊的喜爱。马克思的父亲给马克思读伏尔泰和莱辛，男爵则给他读荷马史诗和莎士比亚，两人经常漫步树林、畅谈理想。也正是准岳父大人的悉心灌输，才使得青年马克思早早地对法国空想社会主义者圣西门的著作产生了兴趣。马克思与准岳父之间的感情似乎比父兄更高一层，比朋友更亲一些。

年轻时候的马克思内心也无比激昂澎湃，为心爱的人写了无数充满爱意、激情洋溢的诗歌，这些诗歌被后人编成两本《爱之书》、一本《歌之书》保留了下来。这些诗歌燕妮终生保存着，他们的女儿劳拉后来记述说，“父亲并不看重那些诗歌；但每当父母谈起它们，总是开怀大笑这些年轻时的荒唐行为”。实际上，当你真的走进马克思的诗歌世界，你会被他磅礴大气的文字所折服，读着读着似乎就能感同身受地体会到他对燕妮那炽热而真挚的感情。

1841 年 4 月 15 日，马克思提前获得了哲学博士学位。年轻的哲学博士马克思刚到特里尔，就赶到最心爱的燕妮的家中，把博士论文亲手送到燕妮的父亲的手里。马克思和燕妮在多年分离之后，本来打算立即结婚的，但光有一篇博士论文并不能作为维持生计的基础，因而他和燕妮不得不打消结婚念头，继续等待。

从1842年4月开始，马克思开始为《莱茵报》撰稿，1842年10月，《莱茵报》的股东们委任马克思为编辑，1843 年 3 月，马克思被迫退出《莱茵报》编辑部。接着又与阿尔诺德·卢格磋商了关于共同从事著作出版的计划。此后即 1843 年 6 月 19 日他才到克罗茨纳赫（燕妮在她父亲 1842 年 3 月去世后，就和母亲迁居到这个地方），与苦等了他 7 年之久的燕妮·冯·威斯特华伦结婚。

由于马克思对共产主义事业的卓越贡献和对地主、资产阶级的无情揭露和批判，使得一切反动势力都诅咒他、驱逐他。他不得不携家小四处转移，其生活困难有时达到难以想象的地步。一次，燕妮在给朋友的信中写道：“有一天，我正抱着孩子坐着，突然女房东来了，要我付给她五英镑的欠款，可是我们手头没有钱。于是来了两个法警，将我的菲薄的家当——床铺衣物等甚至连我那可怜孩子的摇篮以及比较好的玩具都查封了。他们威胁我说两个钟头以后要把全部东西拿走。我只好同冻得发抖的孩子们睡光板了……”

马克思不是那种轻易在口头上流露感情的人，但当燕妮因母亲垂危离开了他几个月时，他便在给她的信中写道：“深挚的热情由于它的对象的亲近会表现为日常的习惯，而在别离的魔术般的影响下会壮大起来并重新具有它固有的力量。我的爱情就是如此。只要我们一为空间所隔，我就立即明白，时间之于我的爱情正如阳光雨露之于植物——使其滋长。我对你的爱情，只要你远离我身边，就会显出它的本来面目，像巨人一样的面目。在这爱情上集中了我的所有精力和全部感情。……我如能把你那温柔而纯洁的心紧贴在自己的心上，我就会默默无言，不作一声。我不能以唇吻你，只得求助于文字，以文字来传达亲吻……”

在燕妮的整个婚姻生活中，她一直承受着家庭贫困的压力。沉重的经济负担不断加到她的身上，直到1867年《资本论》系列第一本出版以后，家庭财政状况才有所改善。她和马克思共生了7个孩子（其中第7个孩子出生就夭折，也有说法是燕妮一生生育6个孩子），只带活了3个女儿（即长女珍妮·马克思，次女劳拉·马克思，三女爱琳娜·马克思）。

马克思与燕妮的晚年爱情更加感人。1880 年，燕妮可能患了肝癌，她以惊人的意志力，忍受着巨大的疼痛。在这令人胆战心惊的岁月中，马克思照料燕妮，不离左右。为了要让她快活些，马克思于1881年7月—8月间，陪着她到法国去看了大女儿和几个外孙。1881年秋天，由于焦急和失眠，体力消耗过度，马克思也病了。他患的是肺炎，有生命危险，但他仍然记挂着燕妮。他们的小女儿在谈到双亲暮年生活的时候说："我永远也忘不了那天早晨的情景。他觉得自己好多了，已经走得动，能到母亲房间里去了。他们在一起又都成了年轻人，好似一对正在开始共同生活的热恋着的青年男女，而不像一个病魔缠身的老翁和一个弥留的老妇，不像是即将永别的人。"

1881年12月2日，燕妮长眠不醒了。这是马克思所经受过的最大打击。燕妮逝世那天，恩格斯说："摩尔（马克思的别名）也死了。"在以后的几个月里，他接受医生的劝告，到气候温和的地方去休养。可是不论到哪儿都忘不了燕妮，止不住悲痛。他写信给最知己的朋友说："顺便提一句，你知道，很少有人比我更反对伤感的了。但是如果不承认我时刻在怀念我的妻子——她同我的一生中最美好的一切是分不开的——那就是我在骗人。"

燕妮是马克思的终身伴侣，但她首先是马克思从事革命斗争和理论创作的忠实朋友和助手。恩格斯在他给马克思和燕妮的书信中，经常称燕妮为"可敬的秘书"，燕妮也常因"秘书"这一"职务"而自豪。她在一封给恩格斯的信中骄傲地写道："秘书、马克思之妻多多致意。"事实上，从他们在布鲁塞尔时起，燕妮就开始担任马克思繁重的秘书工作：她积极帮助丈夫复写文稿，校对清样，寄发材料，代写回信，订立合同，交涉出版事宜，收集材料和情报，等等。

众所周知，马克思的著作涉猎范围极广，抄写这类文稿，需要丰富的政治知识和社会常识，尤其抄写附有许多公式的《政治经济学批判》一类文稿，更是如此。在当时既无打字员，又无速记员的情况下，燕妮的工作量是可想而知的。而且，马克思的字迹非常潦草，有些字不用说别人，就连他本人也常常抱怨“根本无法认清”。但燕妮却把这种繁重而复杂的抄写工作看作一种幸福。她曾经在生活简记中不无留恋地写道：“回忆我坐在卡尔的小房间，抄写他的潦草的论文的那些日子，是我毕生最幸福的日子。”在马克思已出版的许多不朽著作中，都凝聚着这位“终身秘书”的心血。有些文章发稿要求很急，马克思一脱稿，燕妮便以最快的速度日夜赶抄，使之按期付印。

燕妮了解马克思，了解马克思学说的巨大意义和正确性，熟悉他的思路，一切经她誊抄的文稿，都融入了她独到的见解。拉法格在一篇回忆马克思的文章中写道：马克思曾对他说，“把自己的一切手稿都交给妻子看，并且非常重视她的意见”。在保存下来的《共产党宣言》的手稿中，我们还能看到几行燕妮娟秀的字体呢！由于长期患病，马克思常常卧床不起，许多文章和文稿只好由燕妮在他的口授下写成。实践证明，燕妮是个出色的秘书，马克思平时从不轻易夸奖一个人，但对政治上机警、工作态度严谨、意志坚强的燕妮却多次大加赞扬。这些都足以说明燕妮把秘书工作做到了何等出色的程度。

为了让马克思从琐碎的事务性工作中解脱出来，全身心投入政治活动，燕妮除负责处理马克思一部分信件，同许多国家进行通讯联系外，还经常出席马克思自己因故不能出席但又必须了解和掌握有关情况的重要集会和国际会议，会后燕妮详细向马克思书面报告会议内容。参加这些集会和会议，在当时是要冒生命危险的。燕妮不愧为马克思的妻子，从她身上表现出来的大无畏精神，使接触过她的许多人惊叹不已。

在马克思的一生中，几乎把精力完全投入到共产主义理论与浪漫梦想中，而燕妮却不得不直面残酷而困苦的现实生活。但他们从来没有怀疑过自己的爱情，虽然那么艰苦地四处漂泊，衣食难续，但其志其情不移。特别是燕妮，她那么漂亮，又是那么有学识，那么深情，那么坚强……却一辈子无怨无悔地过着艰辛的流亡生活！

燕妮·马克思对卡尔·马克思的作品有十分重要的影响。她不仅为马克思抄写和影印了手稿，其间，她还与马克思一起讨论他的文章。燕妮·马克思在社会运动中也有她自己的角色，在英国伦敦生活期间她也不断地通过德文报纸发表政治文章和论文。1881 年 12 月 5 日，就在燕妮逝世后的第三天，恩格斯在这位共产主义战士墓前的讲话中深情地指出："她不仅和丈夫共患难、同辛劳、同斗争，而且以高度的自觉和炽烈的热情积极投身其中。""她在革命运动中表现出的睿智的批判精神，敏锐的政治嗅觉，充沛的精力，伟大的忘我精神，是公众看不到的，在报刊上也没有记载。她所做的一切只有和她在一起生活的人才了解。"

燕妮与马克思之间除了深厚的情感，还有非常一致的精神追求，他们对现实的不满、对劳苦大众的同情、对革命坚定不移的信念，都是这段感情绵延不断的价值基础。燕妮是马克思的爱人、妻子、孩子的母亲，同时也是他最忠诚的战友。马克思和妻子燕妮患难与共，谱写了理想和爱情的命运交响曲。

（二）三个女儿——三位博学、高效的秘书

珍妮·马克思，马克思的长女，曾任马克思的秘书、翻译家、活动家。

珍妮·马克思在父母身旁耳濡目染，从小就关心政治，并经常协

助妈妈为爸爸做一些力所能及的事。后来，她不仅成为马克思的私人秘书，而且兼任第一国际的秘书，并亲手抄写了第一国际成立宣言等许多具有历史意义的重要文件。她还经常以燕·威廉斯的笔名在法国报刊上发表政论文章，为正义呐喊。

珍妮与马克思的合影

珍妮的文章以笔调精彩、典故丰富、逻辑严密、论证有力而引起社会的广泛注意，并被多家报刊转载。马克思曾得意地称珍妮·马克思是“咱们大名鼎鼎的威廉斯”。恩格斯夸她“真了不起”，称其获得了“光辉灿烂、值得赞扬的成就”。为了改善家里十分拮据的经济情况，珍妮每天从早起到午后两点钟，在一个英国人家里当家庭教师。

傍晚，除了做些家务外，还要从千百份报纸中为马克思写作《资本论》摘录资料。在保留下来的珍妮的许多剪报中，我们还可以看到她亲笔写下的许多批注。后来，珍妮在父亲的帮助下，向一些宣传社会主义的刊物投稿。几年后，她与法国记者查尔斯·朗吉特（又译作沙尔·龙格）结婚。由于朗吉特也是一个共产主义者，所以珍妮结婚后绝大部分日子也是在流亡中度过的。

马克思对在贫困中成长的三个女儿，一直深感内疚。其中，他觉得最对不住的是长女珍妮。1862 年，他在书中写道：“珍妮的年龄不小了。在她这个年龄，已经能够感受到全家生活的重担以及贫困的境遇。

我想这就是她生病的主要原因。”珍妮的确非常不幸，她的一生几乎受尽了病痛的折磨。

1883年1月11日，当珍妮·马克思在巴黎逝世的消息传到伦敦时，已是风烛残年的马克思瘫在安乐椅中，老泪纵横。他几乎无法吞咽任何食物，只好不断地喝牛奶，而牛奶是他平生最讨厌的东西。马克思由于长期不断服药，以致药物对他的身体已经不再起任何作用，而只是使他食欲减退、消化不良，眼看着一天天消瘦下去。两个月后，这位世界无产阶级的革命导师与世长辞了。

劳拉·马克思，马克思的次女，法国和国际工人运动的著名活动家，也是马克思的秘书，是马克思的得力助手。

劳拉·马克思

与珍妮相比，马克思的次女、多才多艺的劳拉，秘书工作也毫不逊色。她的秘书生涯是她从学校毕业后开始的。同她姐姐一样，她协助妈妈分担了为父亲做秘书的部分工作：陪父亲去博物馆、图书馆查阅资料，帮助摘录和整理材料，按父亲的吩咐草拟信稿等。

马克思很赞赏劳拉的写作才能，并且夸她是一个出色的翻译工作者，她将大部分马克思和恩格斯的著作介绍给了法国读者。1859年12月，燕妮给恩格斯写信开玩笑说：“我想，我的女儿们很快就要使我退休了，那时我就将列入享受赡养权人的名单了。可惜，担任了许多年秘书的职务，我竟然完全没有享受养老金的希望。”

1863年8月，劳拉陪同妈妈在外地疗养时，曾调皮地写信给爸爸：“你大概不曾另聘秘书，不会使我领不到薪水吧？”马克思非常满意女儿的工作，他甚至“嫉妒”未来的女婿将会夺走他“可爱的私人秘书”。后来，劳拉嫁给杰出的马克思主义思想家和宣传家、法国工人党和第二国际的主要创建人之一拉法格。他们结婚后迁居巴黎，在寄给爸爸的信中，她还常常署名为：“你的忠诚的前任秘书。”

艾琳娜·马克思，马克思的三女儿，曾任马克思的秘书，著名翻译家和活动家，国际工人运动的优秀鼓动家。

艾琳娜·马克思

她是首位把福楼拜的著作《包法利夫人》翻译成英文的译者，也是易卜生戏剧的倡导者，还是英国码头工人及煤气工人工会的首位女性领导者。马克思与恩格斯之间的深厚友谊对她的人生产生了重大影响，恩格斯更是将她当作自己的女儿一样对待。

艾琳娜是马克思的最后一位同时兼跨其生前逝后的秘书。她也是所有女儿中相貌最像马克思的一个：一头黑发，一双明亮乌黑的眼睛，额头很宽，个子不高，浑身充满活力，喜欢大笑，嗓音洪亮。

两位姐姐出嫁以后，小女儿艾琳娜当仁不让地担负起父亲的“秘书”职务。她协助马克思从报纸、杂志和书籍里摘录材料，代表父亲处理一封又一封的信件。由于她喜欢钻研，兴趣广泛，思路敏捷，马克思可以完全放心地把事情交给她。艾琳娜对属于秘书工作的一切事务十分熟悉，做得迅速而老练，并且恰到好处。

马克思和三个女儿与恩格斯的合影

秘书工作使艾琳娜比较早就开始关注世界上发生的重大事情，在父亲的影响下，她很快成为一名对工人阶级事业怀有无限忠诚的真正革命家。她不仅在马克思生前忠实地履行了一个“私人秘书”的职责，而且在马克思逝世后，艾琳娜还常常在报刊上撰文，维护父亲的名誉，揭发某些居心叵测的人对马克思的诬蔑。

此外，在恩格斯逝世后的1896年，她独自出版了恩格斯的著作，并写了序言。1897年她又出版了马克思论述克里木战争的几篇论文以及其他许多文章。1898年她出版了马克思的《工资、价格与利润》。她长期出入伦敦东部工人和贫民居住的伦敦东区，研究英国女工的生活情况。英国女工非常欢迎她，所以管她叫“我们的妈妈”。

（三）最喜爱的事是啃书本

马克思不但是马克思主义学说的创始人，全世界无产阶级的革命导师，也是世界公认的大学者。在一生的革命生涯和学术生涯中，他始终都与书为伴，好学不辍。马克思学识之渊博，读书之广泛，是极少有人能与他相比的。

19世纪中叶的欧洲，曾流行着一种“自白书”的文字游戏，通过对其中各项的回答，基本上可以看出一个人的品格和爱好。在“您最喜爱的事”一栏中，马克思清清楚楚地答道——“啃书本”。由此可见，读书在马克思的一生中，已经占据了极其重要的地位。

他的朋友李卜克内西在回忆马克思时曾说：“学习！学习！这就是他经常向我们大声疾呼的无上命令，他自己就是这方面的榜样。”

1. 坚持有规律地读书生活

马克思的一生虽然颠沛流离，在许多国家流浪或暂寓，但他一直没有间断读书。很多时候，马克思家庭生活十分艰难，但他依然坚持读书和研究工作，并在其中找到了“无穷的安慰”。他当时每天早上 9 时准时来到大英博物馆阅览图书，直到晚上 7 时回家。不管风吹雨打，春夏秋冬，每天都是如此。连博物馆里的工作人员都认识他，知道他的专座。

2. 读书喜做摘要和笔记

马克思一生博览群书，学识渊博而精深，具有极富自身特色的读书方法和求知习惯。他虽然记忆力惊人，对读过的书能记得异常深刻准确，但每逢书中他自认为重要和有参考价值的地方，都加以摘要，并做笔记。

他的笔记本，不少是自己制作的，通常做法是将一叠白纸一折为二，中间缝上一道线，在原封面上注明做笔记的时间和地点，编上笔记的序号，有的还加上标题。笔记写得密密麻麻，旁边留出的空白处，有用铅笔、钢笔做的粗细实线、虚线等各种记号。为了查阅方便，他对许多笔记编制目录和内容提要，然后放到特定的地方，需要时不用翻找，随手就能抽出来。

数十年如一日，因而阅读任务也相当繁重和紧张。由于马克思早年爱好文学，喜欢阅读文学作品，并曾做过当诗人的梦。因而，每当他工作疲倦，在理性的书籍里徜徉过久而需要休息时，他便捧起一本诗集，或者是一部小说，走进另一个世界，并以此来舒缓自己疲劳而绷紧的大脑，取得了很好的效果。

3. 明确并妥善认识阅读和创造的关系

由于书籍对每个人的帮助不一样，所以每个人也都做出了不同的理解和评价。马克思早年也得到过书的启示，读过难以计数的书，可他却指着案桌上的书，对他的朋友说："他们是我的奴隶，必须按我的意志为我服务。"

马克思之所以能够成为一个时代的高峰，形成一个博大精深的思想体系，与他终身刻苦勤奋攻读，以及勇于探索和创造的精神是密不可分的。

（四）一生博学多才、广泛涉猎、学习不停

马克思生前学识之渊博，读书之广泛，是极少有人能与其相比的。他不仅以毕生精力专门研究政治经济学、哲学、政治学、法学、历史学和社会学等学科，而且酷爱文学，并阅读过大量的诗、小说和散文，还写下了数量庞大的历史学、人类学、数学等学科笔记。

马克思精通英文、法文、西班牙文、俄文等多国语言文字，是驾驭语言文字的天才。51岁的时候，他的体质已大不如从前，加上生活的清贫，没有条件及时找名医求良药，也很难补充身体需要的各种营养，时时遭受病痛的折磨，可这并未妨碍他掌握更多外语的意志。为了能看懂俄文原著，以便深入了解和研究俄国社会，他决心下功夫攻克俄文。困难可想而知：时间上要挤压出点点滴滴的空余，甚至不得不减少睡眠和休息工夫；精力上要排除一切干扰全神贯注，还要反复背诵加强

记忆，并要在语言和语法上认真琢磨，深入领会准确把握。仅仅两年时间，他就能自如地阅读各种体裁的俄文原著了，从而对俄国社会和历史有了更透彻的了解，也使他的理论著作中关于俄国各阶级的状况有了十分精辟的论述。

马克思 40 岁以后，为了研究政治经济学并最终写好《资本论》，又在数学王国里艰苦跋涉。1858 年 1 月 11 日，马克思在写给恩格斯的一封信中说："在制定政治经济学原理时，计算的错误大大地阻碍了我，失望之余，只好重新坐下来把代数迅速地温习一遍。"第一阶段他系统地复习初等数学，主要是复习初等代数，做了不少初等数学的演算札记，同时研究了初等数学发展史。第二阶段，他系统地学习和研究高等数学，主要是学习微积分和研究微积分发展史。直到他去世，作为他钻研数学的第三阶段，写出了许多重要的数学论文。作为钻研数学的成果，马克思留下了一千多页的数学手稿。恩格斯评价说，马克思是精通数学的，在数学领域中有独到的发现。

人人皆知马克思政治家、思想家、哲学家的身份，却少有将其与诗人联系在一起。年轻时的马克思，也是俗世中的一个性情中人，也爱好诗歌。1835年，17岁的马克思进入波恩大学法律专业。期间，度过了一段幸福时光，业余时间大多用来诗歌创作，20岁左右时已完成三本诗集：《爱之书（一）》《爱之书（二）》和《歌之书》。一年后，他自波恩大学转入学风扎实的柏林大学。热爱古希腊艺术、莎士比亚，喜欢歌德、席勒的他，放弃诗歌写作，但此间打下文学功底，使之以后在谈及理论时，还不时引用希腊神话与莎士比亚的诗句。纵然如此，他在柏林读书时，仍热情参加诗社活动，还在柏林《艺文》杂志发表了《行吟诗人》《黑夜之爱》等诗篇。此间，还结识了大诗人海涅、弗莱里格拉特，并与之建立了友谊。中年后，他又对莎士比亚与歌德的诗产生了浓厚兴趣，并竭力向女儿推荐。

（五）令人印象深刻的外貌

马克思

说起马克思，大多数人脑海里的画面是那张书本上的经典照——花白的头发与长长的大胡子，穿着白衬衫黑西装，两眼炯炯地面对远方。马克思的肖像画或照片有很多，大体都不脱这个造型，多年不变的发型，永远严肃的面孔。在学校的教室或走廊里，常能看到马克思长须茂盛的照片，照片下方还有一句名言："在科学上没有平坦的大道，只有不畏劳苦沿着陡峭山路攀登的人，才有希望达到光辉的顶点。"

马克思是一个高大的男子，留着一头卷曲的头发，略阔的鼻子和深陷的双眼显得十分犀利。他的眉毛浓密，看起来很有精神，但同时又有一种神秘的感觉。他的眼睛像一口可以使你掉进去的井，他虽然已经双目浑浊，可是锐利的眼睛还是充满了自己的抱负！他那花白胡子很打眼，显得很有威严。在穿着方面，他不是很在意自己的外表，总是穿着破旧的衣服，头发也不太打理，但是却从未影响他在思想上的高度敏锐。

（六）漂泊生活的经济支撑

马克思的一生都奉献给全人类的解放事业，而他自己和家人却流亡漂泊、贫寒困苦。他一生从事过的唯一职业，就是编辑。他全家的生活来源，不是稿费就是朋友，特别是恩格斯的帮助。另外，就是继承的家庭遗产和做编辑时的薪金了。

1. 稿费

1845年马克思和出版商签了一个出版合同，计划出版《政治和国民经济学批判》，稿费3000法郎，其中马克思拿到了一部分，后因审查制度，书籍未能出版。

在伦敦期间，马克思为《纽约每日论坛报》每周撰文2篇，稿酬是一篇1英镑。十年间马克思曾经给这个报纸写过500多篇文章，这家报纸有时却克扣马克思稿费。即便如此，所得稿费在许多年中依旧是他的重要经济来源。

1862年，马克思同《纽约每日论坛报》断绝了关系。而在断绝之前，他和维也纳的一家自由派报纸《新闻报》达成了一项协议，做该报的撰稿人，每篇文章付稿酬1英镑，每篇报道付稿酬10先令。这在当地已是高稿酬了，但对解决马克思一家的生计来说，也只能是聊胜于无。

在那个年代，流亡者找一项有稳定收入的工作是非常不容易的。1862年9月，贫病交加的马克思甚至联系到英国的一个铁路营业所。他在信中告诉恩格斯，明年初他可能到那里去工作。但这件事后来却失败了——该营业所因马克思字写得不好而没录用他。

2. 资助

（1）恩格斯的资助

1850 年 11 月，恩格斯做出了一个具有决定性的选择：回到他深恶痛绝的“鬼商业”，到曼彻斯特他父亲与别人合开的公司去当职员。这样做的目的，不仅是为了维持自己的生活，也为了保证马克思理论头脑能进行科学工作所必需的生活条件。从那时起，他就开始尽自己所能接济马克思了。恩格斯在公司的年薪起初是 200 英镑，这笔钱用于一个人倒还是一笔可观的数目，但他却源源不断地把钱寄给马克思一家，从一英镑直到后来的上百英镑。

1864 年 9 月，恩格斯成为他所在公司的合伙人之一。这样，他就能够给马克思一家提供更多更稳定的援助了。从这时起到 1869 年退出商业活动，他共寄给马克思一家 1862 英镑，这在当时是个相当可观的数字。1869 年 7 月，恩格斯经过与合作伙伴的长久谈判，终于脱离了商业。他除了用一笔钱使马克思还清了债务外，以后每年还资助他 350 英镑。也就是从这个时候起，马克思才不必再为生活头痛了。

（2）沃尔夫的资助

沃尔夫是马克思除恩格斯之外最好的朋友，他从 1853 年起在曼彻斯特以教书为业。1864 年 5 月沃尔夫去世。这位为人淳朴、工作勤勉的老友，在长期单身生活中，靠着俭省积攒了一笔 1300 英镑的财产。按照遗嘱，除了各种必付的费用，大部分赠给了马克思，总数达 800 多英镑。这笔钱在往后几年里对马克思减轻后顾之忧，写完《资本论》第一卷，起了很大的作用。马克思后来把《资本论》献给了他。

有趣的是，有段时间马克思因为疾病侵身，医生不允许从事紧张的脑力劳动。马克思这位批判资本主义的大思想家，竟走进交易所“玩”

起了股票！所用股本，就是沃尔夫所赠遗产中的200多英镑。他告诉荷兰的姨父，自己做起投机生意来了：我用这个办法赚了四百多英镑……搞这种事情占去时间不多，而且只要稍微冒一点风险就可以从自己的对手那里把钱夺过来。

3. 遗产

（1）父亲的遗产

1848年欧洲革命高涨，情绪激昂的马克思把刚得到的父亲的遗产拿出来一大笔用于购买武器。后来办《新莱茵报》期间，由于股东们几乎全都退出，报纸已没有财力，马克思便拿出了父亲的遗产顶上去。后来人们知道，《新莱茵报》耗尽了他的个人财产，这笔数字达到7000塔勒之巨。

（2）母亲的遗产

1863年12月2日，马克思接到他母亲去世的电报，他立即准备动身去特里尔。这时候，除了陈年老病如眼疾、肝病之类外，他在前不久又添上了一样让他此后多年痛苦不堪的新病——痈。现在，他背上的伤口还在化脓，只好带上两大瓶药和恩格斯寄来的10英镑路费，匆匆上路了。在特里尔，马克思得到母亲留给他的不大的一笔遗产，大约600英镑。这笔不大的遗产起了不小的作用。马克思一家摆脱了债务和当铺之类讨厌的纠缠，并且还能找到一所宽敞、舒适、光线充足的新房子，就在梅特兰公园路1号。

六、思想体系

马克思主义所包含的内容就是马克思主义哲学、马克思主义政治经济学和马克思主义的科学社会主义，其三大主要来源为德国古典哲学、英国古典政治经济学和英法空想社会主义。马克思主义哲学是以主观辩证唯物主义为主导而追求主观与客观相一致、探索发现客观规律、遵循并调整运用客观规律、探索发现真理和运用真理的辩证唯物主义和历史唯物主义；马克思主义政治经济学是运用马克思主义哲学探索研究人类社会的政治经济发展体制的学说；马克思主义的科学社会主义就是运用马克思主义哲学探索研究人类社会以“公有制”生产方式为主体的“实体政治经济体制”的政治经济理论体系。

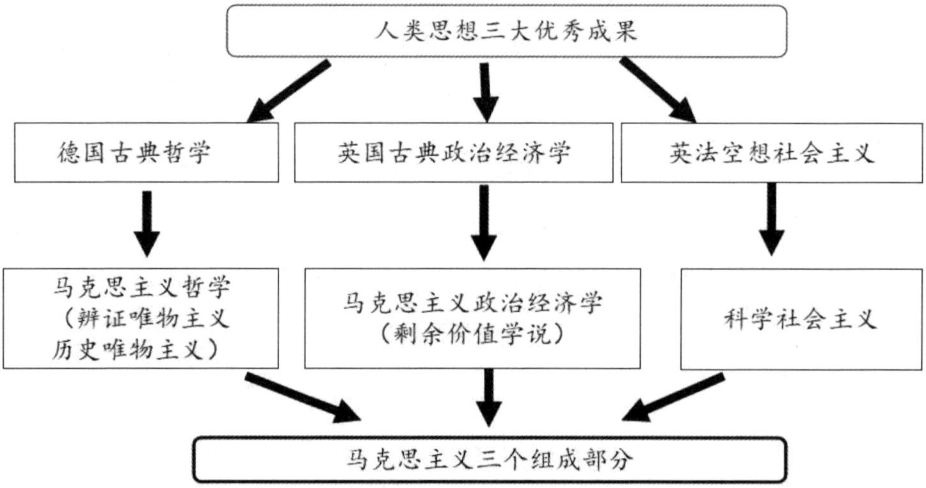

马克思主义思想体系

（一）马克思对德国古典哲学的批判与超越

1. 德国古典哲学为马克思主义哲学提供充足养分

德国古典哲学是 18 世纪下半叶到 19 世纪上半叶资本主义生产关系形成时期和资产阶级革命前夕的资产阶级哲学。康德是德国古典哲学的创始人，主要代表人物是康德、费希特、谢林、黑格尔和费尔巴哈。德国古典哲学作为西方哲学思想发展的重要历史阶段，它经历了从唯心主义到唯物主义两个发展阶段。费尔巴哈之前基本上是唯心主义，是费尔巴哈开创了德国古典哲学的唯物主义。德国古典哲学最大的成果就是用辩证法取代了形而上学，德国古典唯心主义哲学家把世界理解为具有矛盾的不断发展变化的运动过程，反对把世界看作固定不变、没有矛盾的东西，从根本上理清了长期以来统治人们头脑的形而上学世界观。

作为德国社会关系的必然产物，也是德国 1848 年资产阶级政治革命的先导，德国古典哲学有其重要的思想来源和时代条件。一方面，德国古典哲学是自古希腊罗马哲学形成以来两千多年哲学发展的汇集，也是后来哲学的发源地，在哲学史上具有承前启后、继往开来的重要作用，德国古典哲学在哲学史上取得了巨大的成就。它把 18 世纪末欧洲各大学所采用的陈旧的莱布尼茨的形而上学的体系，充分地吸收了以往哲学的优秀成果，舍弃了不合理的东西。当然基于时代的局限性，德国古典哲学的开创者和几个重要的继承者都是在唯心主义的范畴内进行。随着时代的进步，费尔巴哈终究把德国古典哲学带到了唯物主义的轨道上来。另一方面，德国古典哲学产生的另一个原因是当时欧洲的时代背景。1789 年在法国发生的资产阶级革命，它是以上半世纪开始的法国启蒙运动发展到下半世纪法国唯物主义为先导的。同时法国启蒙运动的思想家，特别是卢梭思想为发动德国哲学革命做了充分的准备。正如马克思、恩格斯所说，在法国发生政治革命的同时，德国发生了哲学革命。

2. 马克思实现了对德国古典哲学的扬弃

马克思主义对德国古典哲学的扬弃，表现在马克思和恩格斯批判地改造了德国古典哲学，特别是对黑格尔和费尔巴哈哲学加以批判地改造，批判地继承黑格尔辩证法的“合理内核”和费尔巴哈唯物主义的“基本内核”，从而创立了马克思主义哲学。所以德国古典哲学是马克思主义哲学重要的、直接的理论来源。马克思、恩格斯认为，如果不是先有德国哲学特别是黑格尔哲学，那么德国科学社会主义，即过去从来没有过的唯一的科学社会主义，就绝不可能创立。可见，德国古典哲学对于马克思主义哲学以及马克思主义其他理论具有非同一般的重要性。

黑格尔是德国古典哲学的集大成者，他创造性地提出了唯心主义的辩证法，把德国古典哲学推到一个高峰。而费尔巴哈通过对黑格尔哲学的批评提出了唯物主义，同样把德国古典哲学推到另一个高峰。马克思主义主要是对这两大成果进行批判地改造，从而实现了对德国古典哲学的扬弃。

黑格尔辩证法具有“合理内核”。马克思把它概括为，作为推动原则和创造原则的否定性。马克思直接指出黑格尔辩证法的“否定性”，而且是具有“推动”作用和“创造”作用的，是具有革命性的。在《费尔巴哈与德国古典哲学的终结》第一章中，恩格斯也揭示了黑格尔辩证法的“合理内核”，阐述了辩证法的基本思想，揭露了黑格尔哲学中体系与方法的矛盾以及体系解体的必然性。

黑格尔唯心主义辩证法的局限性在于只注意到了时间上的继起，忽视了空间上的并存。黑格尔唯心主义辩证法是脱离具体的现实事物的，只是对事物运动的形式在时间序列上的抽象。他的辩证法也只能是一种形式的抽象，他站在客观唯心主义的立场上对辩证法进行解释，认为理性自己决定自己，否认了人的能动作用。这就和辩证法基于现实存在及其人类社会能动性的革命性产生了背离。对当时法国大革命抱有巨大热情的黑格尔为什么出现这样的思想倾向呢？这就得从当时欧洲时代大背景寻找答案了。黑格尔的唯心主义辩证法体系，以及之前的德国古典哲学体系，是由德国资产阶级既要求革命又害怕实际斗争，既反对封建主义又向封建势力妥协的阶级矛盾性格所决定的。因而，黑格尔的唯心主义辩证法深深地打上了时代的烙印。马克思对黑格尔辩证法的批判，主要是针对它的折衷主义和二元论进行的。马克思正是对当时欧洲情态报以最彻底的革命性，避免陷入黑格尔这种“最坏的混合主义”以及“市民社会和政治国家的二元论”的困境当中，彻底地发挥了辩证法作为强大的思想革命工具的作用。

费尔巴哈的唯物主义哲学对于马克思主义哲学的产生有重要作用，其作用可以与黑格尔的辩证法相提并论。辩证唯物主义（即现代唯物主义）正是马克思、恩格斯批判地吸取德国古典哲学，包括黑格尔辩证法的“合理内核”和费尔巴哈唯物论的“基本内核”，以及在总结自然科学、社会科学和思维科学的基础上创立的系统科学的逻辑理论思维形式。当然，费尔巴哈的唯物主义也存在不足之处，这也正是马克思主义对费尔巴哈唯物主义进行批判地吸收的原因。

对于费尔巴哈唯物主义局限性，马克思指出，从前的一切唯物主义（包括费尔巴哈的唯物主义）的主要缺点是：对对象、现实、感性，只是从客体的或者直观的形式去理解，而不是把它们当作感性的人的活动、当作实践去理解，不是从主体方面去理解。因此，和唯物主义相反，能动的方面却被唯心主义抽象地发展了。当然，唯心主义是不知道现实的、感性的活动本身的。费尔巴哈想要研究跟思想客体确实不同的感性客体，但是他没有把人的活动本身理解为对象性的活动。这里马克思主义主要是针对费尔巴哈否定人能动性进行批判的，在费尔巴哈看来，“物”对人是具有绝对的决定性的，感性存在就是纯自然的存在，而不是关于人的实践活动的存在，人来自自在的自然，没有一个自我生成、自我确证的过程，人与自然的关系是反映者与被反映者的关系，人由自然所决定，人在自然面前无能为力。费尔巴哈完全忽视了人的能动性，使得他的唯物主义中的人处处显示出其直观性、机械性和形而上学性。

马克思通过对费尔巴哈唯物主义的扬弃，改造费尔巴哈唯物主义中把人当作只是感性直观的自然人的观点，指出人应该是历史的具体的生成的人，是社会关系的总和，是发展变化的人。在这一扬弃的过程中，马克思加入实践这个重要的哲学范畴，把唯物主义置于实践的基础上进行辩证的理解，从而揭示出人的本质力量是自然赋予的。因此，自然具有时间上的先在性，但人的本质力量需要通过实践活动的对象化、物化来体现，而且通过实践活动可以使人最终占有自己的本质力量，从而表明了实践是人和人类社会形成、存在、发展的根本方式的唯物主义哲学新观点。而人通过“实践”主动地认识、改造世界，这是马克思主义唯物论中一个核心的理论。

3. 马克思主义哲学的基本原理

（1）世界的物质统一性原理及方法论。辩证唯物主义认为，世界的本质是物质，世界上先有物质后有意识，物质决定意识，意识是客观存在在人脑中的反映。

这一原理要求我们在想问题、办事情的时候，要一切从实际出发，理论联系实际，解放思想，实事求是，与时俱进，在实践中检验和发展真理。

（2）意识能动作用原理及方法论。人能够能动地认识世界。人的意识不仅能反映事物的外部现象，而且能够把握事物的本质和规律，世界上只有尚未认识之物，而没有不可以认识之物。

人能够能动地改造世界。意识对物质具有反作用，正确反映客观事物及其发展规律的意识，能够指导人们有效地开展实践活动，促进客观事物的发展。歪曲反映客观事物及其发展规律的意识，则会把人的活动引向歧途，阻碍客观事物的发展。意识对于人体生理活动具有调节和控制作用。高昂的精神，可以催人向上，使人奋进；萎靡的精神，则会使人悲观、消沉，丧失斗志。这一原理要求我们一定要重视意识的作用，重视精神的力量，自觉地树立正确的思想意识，克服错误的思想意识。

（3）物质和意识的辩证关系原理。物质决定意识，意识对物质具有能动作用。正确意识对事物发展起促进作用，错误意识对事物发展起阻碍作用。一方面要坚持一切从实际出发，实事求是；另一方面，要重视意识的作用，重视精神的力量。

（4）规律的客观性和普遍性原理及方法论。规律就是事物运动过程中固有的本质的、必然的、稳定的联系。规律是客观的，是不以人的意志为转移的，它既不能被创造，也不能被消灭。规律是普遍的，自然界、人类社会和人的思维，在其运动变化和发展的过程中，都遵循其固有的规律。没有规律的物质运动是不存在的。

规律的客观性和普遍性要求我们必须遵循规律，按客观规律办事，而不能违背规律。一旦违背客观规律，人们就会受到规律的惩罚。在客观规律面前，人并不是无能为力的，人可以在认识和把握规律的基础上根据规律发生作用的条件和形式利用规律，改造客观世界，造福于人类。

（5）实践和认识的辩证关系。实践是认识的基础（实践决定意识）。实践是认识的唯一来源，实践是认识发展的动力，实践是检验认识的真理性的唯一标准，实践是认识的目的和归宿。认识对实践具有反作用。真理是人们对客观事物及其规律的正确反映，真理能指导人们提出实践活动的正确方案，因而对于人们的实践活动有巨大的推动作用。

理论和实践相结合的原则，做到理论和实践的具体的历史的统一。真理是人们对客观事物及其规律的正确反映，但真理是具体的有条件的。任何真理都有自己适用的条件和范围，任何真理都是相对于特定的过程来说的，都是主观与客观、理论与实践的具体的历史的统一。

真理的条件性和具体性要求我们，如果不顾过程的推移，不随着历史条件的变化而丰富、发展和完善真理，只是照搬过去的认识，或者超越历史条件，把适用于一定条件下的科学认识不切实际地运用于另一条件之中，真理都会转化为谬误。真理的条件性和具体性表明，真理和谬误往往是相伴而行的。在人们探索真理的过程中，错误是难免的。犯错误并不可怕，可怕的是不能正确对待错误。

认识具有反复性，由于受主客观条件的限制，人类追求真理的过程不是一帆风顺的，这就决定了人们对一个事物的正确认识往往要经过从实践到认识，再从认识到实践的多次反复才能完成。认识具有无限性，认识的对象是无限变化着的物质世界，作为认识的主体的人类是世代延续的，作为认识基础的社会实践是不断发展的，因此，人类的认识是无限发展的，追求真理是一个永无止境的过程。

（6）联系的普遍性原理及方法论。联系是事物之间以及事物内部诸要素之间的相互影响、相互制约和相互作用。联系是普遍的。世界上一切事物都与周围其他事物有着这样或那样的联系。世界是一个普遍联系的有机整体，是一幅由种种联系交织起来的丰富多彩的画面，其中没有一个事物是孤立存在的。

联系是客观的。联系是事物本身所固有的，不以人的意志为转移。世界上的事物千差万别，事物的联系也是多种多样的。整体和部分是相互区别的。整体是事物的全局和发展的全过程，从数量上看它是一；部分是事物的局部和发展的各个阶段，从数量上看它是多。整体和部分在事物发展过程中的地位、作用和功能各不相同。整体居于主导地位，整体统率着部分，具有部分所不具备的功能；部分在事物的存在和发展过程中处于被支配的地位，部分服从和服务于整体。

整体和部分又是相互联系、密不可分的。整体是由部分构成的，离开了部分，整体就不复存在。部分的功能及其变化会影响整体的功能，关键部分的功能及其变化甚至对整体的功能起决定作用。部分是整体中的部分，离开了整体，部分就不成其部分。整体的功能状态及其变化也会影响到部分。

（7）发展的观点及方法论。世界上一切事物都处在永不停息地变化发展之中，都有其产生、发展和灭亡的历史，发展的实质是事物的前进和上升，是新事物的产生和旧事物的灭亡。发展的观点要求我们要用发展的观点去看问题。

事物发展的方向是前进的、上升的，事物前进的道路是曲折的、迂回的，这是一切事物发展的总趋势。事物的发展总是从量变开始，量变是质变的必要准备，质变是量变的必然结果，质变又为新的量变开辟道路，使事物在新质的基础上开始新的量变。事物的发展就是这样由量变到质变，又在新质的基础上开始新的量变，如此循环，不断前进。

（8）矛盾（客观性）的观点及方法论。世界上的一切事物都包含着两个方面，这两个方面既相互对立，又相互统一。矛盾即对立统一。矛盾具有斗争性和同一性两种基本属性。矛盾的普遍性是指矛盾存在于一切事物中，不包含矛盾的事物是不存在的，即事事有矛盾；矛盾贯穿于每一事物发展过程中，每一事物从产生到灭亡都存在着自始至终的矛盾运动，即时时有矛盾。矛盾的特殊性，是指矛盾着的事物及其每一个侧面各有其特点。它主要有三种情形：一是不同事物有不同的矛盾，这些不同的矛盾构成了一事物区别于其他事物的特殊本质；二是同一事物在发展的不同过程和不同阶段上有不同的矛盾，这些不同的矛盾形成了事物发展的不同过程和不同阶段；三是同一事物的不同矛盾、同一矛盾的两个不同方面也各有其特殊性。

矛盾的普遍性和特殊性的关系，也就是矛盾的共性和个性、一般和个别的关系。①矛盾的普遍性和特殊性相互联结。一方面，普遍性寓于特殊性之中，并通过特殊性表现出来，没有特殊性就没有普遍性。另一方面，特殊性离不开普遍性，世界上的事物无论怎样特殊，它总是和同类事物中的其他事物有共同之处，不包含普遍性的事物是没有的。②由于事物范围的极其广大和发展的无限性，在一定场合为普遍性的东西，在另一场合则是特殊性。反之，在一定场合是特殊性，在另一场合则是普遍性。

在复杂事物的发展过程中，存在着许多矛盾，其中必有一种矛盾，它的存在和发展，决定或影响着其他矛盾的存在和发展。这种在事物发展过程中处于支配地位、对事物发展起决定作用的矛盾就是主要矛盾。其他处于从属地位、对事物发展不起决定作用的矛盾则是次要矛盾。主要矛盾和次要矛盾相互依赖、相互影响，并在一定条件下相互转化。

每一个矛盾中的两个方面的力量是不平衡的。其中，处于支配地位，起主导作用的方面叫矛盾的主要方面。而处于被支配地位的方面叫矛盾的次要方面。事物的性质主要是由主要矛盾的主要方面决定的。矛盾的主要方面与次要方面既相互排斥，又相互依赖，并在一定条件下相互转化。

（9）辩证否定观原理及方法论。辩证的否定，是事物自身的否定，即自己否定自己，自己发展自己。辩证的否定既不是简单地肯定一切，也不是简单地否定一切，而是既肯定又否定，既克服又保留，克服的是旧事物中过时的消极的内容，保留的是旧事物中积极合理的因素。辩证否定的实质就是“扬弃”。

辩证法在对现存事物的肯定的理解中，同时包含对现存事物的否定的理解，即对现存事物必然灭亡的理解；辩证法对每一种既成的形式都是从不断地运动中，因而也是从它的暂时性方面去理解；辩证法不崇拜任何东西，按其本质来说，它是批判的、革命的和创新的。

（10）社会存在与社会意识的辩证关系原理。社会存在决定社会意识，社会意识具有相对独立性，对社会存在具有反作用。先进的社会意识可以预见社会发展的方向和趋势，对社会发展具有积极的推动作用；落后的社会意识对社会的发展具有阻碍作用。

生产力决定生产关系，生产关系对生产力具有反作用。当生产关系适应生产力发展状况时，就会推动生产力的发展；反之，就会阻碍生产力的发展。表明生产关系一定适合生产力发展状况的规律是人类社会发展的基本规律。

经济基础决定上层建筑，上层建筑对经济基础具有反作用。当上层建筑适合经济基础状况时，就会促进经济基础的巩固和完善；反之，就会阻碍经济基础的发展和变革。表明上层建筑一定要适合经济基础发展的规律是人类社会发展的又一基本规律。

（11）人民群众是历史的创造者原理。人民群众是历史的创造者；人民群众是社会物质财富和精神财富的创造者；是社会变革的决定力量。

价值观是人们在认识各种具体事物的价值的基础上，形成的对事物价值的总的看法和根本观点。价值观对人们的行为具有重要的导向作用。表现在对人们认识世界和改造世界；对人生道路的选择等方面具有重要的驱动、制约、导向作用。

自觉遵循社会发展的客观规律，自觉站在最广大人民的立场上，进行正确的价值判断和价值选择，牢固树立集体主义的价值观，正确处理个人利益、集体利益和国家利益三者之间的关系。

（二）马克思批判和改造英国古典政治经济学

1. 英国古典政治经济学对以往经济学的超越

英国的古典政治经济学，主要包括 17 世纪中叶至 19 世纪 30 年代初的英国资产阶级的政治经济思想。创始人主要为集大成者的亚当·斯密和大卫·李嘉图。开始于配第，结束于李嘉图。他们都认识到了商品的价值来源于生产劳动，商品的价值量与劳动时间成正比，与机器工业的劳动生产率成反比。英国古典政治经济学的杰出代表斯密和李嘉图都认为自然规律是建立英国古典政治经济学的基础。他们认为：新的理论不仅是那个时代的关系和需要的表现，而且是永恒的理性的表现；新的理论所总结概括的生产和交换的规律，不仅是历史的规定的经济活动形式的规律，而且属于永恒的自然规律，而这些自然规律又是从人的本性中发掘出来的。斯密和李嘉图都客观唯物地把自然规律归结为人和人类社会的各种属性发展变化所必然遵循的规律。他们认定的遵循自然规律的人性就是利己主义的思想和行为。斯密在《国民财富的性质和原因的研究》中，对利己主义哲学思想作了详尽阐述，而李嘉图在《政治经济学及赋税原理》中，又把利己主义哲学思想和杰里米·边沁的功利主义结合起来。从此，作为个人主义象征的所谓“经济人”就成为资产阶级政治经济学中惯用的概念——无所不在的幽灵。

“劳动价值论”和“剩余价值论”是英国古典政治经济学的重要内容。在英国的古典政治经济学产生和形成的这一时期中，最为重要的政治经济学家和政治经济学者有配第、洛克、诺思、马西、亚当·斯密、大卫·李嘉图等等。洛克和配第一样，都把利息和地租并论。诺思则更进一步认为利息是资本的租金形式，不但与地租一起表现为剩余价值的原始形态，而且又把利息和地租对立起来。马西则认为利息只不过是利润的一部分，并确定利润是占有剩余劳动的形式。斯密第一次肯定了资本家是社会历史中的一个基本阶级，利润为社会的基本收入形成产业利润作为资本占有的剩余价值的最初形式，并成为剩余价值的一般形式，又把利息和地租解释为由产业资本家分配给共同占有剩余价值的各阶级的部分产业利润。李嘉图与斯密一样也没有离开剩余价值的特殊形式——利润（或利息）和地租，来单独考察剩余价值；但他比斯密更明确地指出产业利润是剩余价值的最初的一般形式。他在利息问题上接受了马西和斯密等人的观点，认为利息就是利润的一部分。他又明确地指出："地租是地主从剩余价值中分得的份额，但不是利润的一部分，而是超额利润。"

2. 马克思深入研究各要素基础上创立新的政治经济学

马克思没有抛弃英国古典政治经济学，而是在继承发扬的同时创立了劳动二重性。亚当·斯密已经认识到了商品的二因素，提出了劳动创造价值的观点；大卫·李嘉图甚至已经认识到决定商品价值量的是社会必要劳动量，而不是生产商品实际耗费的劳动量。但是由于他们没有区分劳动的二重性，所以不能回答什么是劳动创造价值，不能明确区分价值和交换价值，不是通过生产商品中所耗费的劳动来解释价值，而是通过该商品所换来的另一种商品包含的劳动量来解释该商品的价值。认识上出现了混乱，而马克思解决了这个问题。

马克思说："在亚当·斯密那里，政治经济学已发展成为某种整体，它所包括的范围在一定程度上已经形成。"马克思、恩格斯运用辩证唯物主义和历史唯物主义，研究作为人类社会发展基础的各个时代的生产关系，尤其是着重研究资本主义社会的生产关系，创立马克思主义政治经济学，其前身是英国古典政治经济学。这是马克思主义理论最深刻、最详细的证明和运用。它阐明人类社会各个发展阶段上支配物质资料的生产、交换以及与之相适应的产品分配的规律。

在资本主义社会中，商品生产占统治地位，资本主义生产的重要特点是自由雇佣劳动制，工人的劳动力成为商品。劳动力的价值是由维持和再生产劳动力而必需的生活资料的价值决定的。马克思发现劳动力是一种特殊的商品，它一天创造的价值同它每天的消耗全然不同。雇佣工人每天除了补偿自身劳动力价值以外，还必须额外工作若干小时，马克思称之为剩余劳动时间，剩余劳动时间创造的价值称之为剩余价值。还对剩余价值率、绝对剩余价值、相对剩余价值、剩余价值的分解等等作出科学分析。

马克思的剩余价值学说揭示资本家剥削的秘密，成为马克思经济理论的基石。马克思把社会产品按价值分为不变资本、可变资本和剩余价值 3 个部分，从而分析了资本主义实现价值和剩余价值的深刻矛盾。马克思、恩格斯论证了资本主义制度下生产社会性和私人资本主义占有形式之间的矛盾。日益暴露和周期性经济危机的不可避免性，阐明了资本主义积累的一般规律，指出资本积累必然造成社会两极分化，无产阶级与资产阶级之间的对抗更为尖锐。生产资料的集中和劳动的社会化达到同资本主义私有制外壳不能相容的地步，从而资本主义不可避免地要让位于社会主义。

3. 马克思主义政治经济学的几个问题

马克思主义研究广义的生产关系并不是抽象孤立进行的，因为生产力决定生产关系，生产关系影响和制约生产力的发展，而经济基础作为一定社会占统治地位的生产关系决定上层建筑，因此研究广义的生产关系必须联系生产力和上层建筑。

与古典政治经济学为资产阶级辩护不同，马克思主义政治经济学是为无产阶级的解放事业服务的，因此它既要认识人类社会经济发展的一般规律，也要着力于认识资本主义特殊经济规律。为了认识经济规律，马克思主义政治经济学变革了古典政治经济学唯心主义和形而上学研究方法，采取唯物辩证乃至以一些自然科学方法来认识经济规律。

（1）商品

在马克思看来，一个物品与别的物品之所以要交换，是因为商品持有者各有所需，而商品本身若不具有满足购买者所需属性，那么物品间不必要相互交换。这里，能满足人们某种需要的商品属性即为商品使用价值。而一个物品之所以能与另一种物品相交换，是因为两个物品中都存在共同的东西，即它们均是人们无差别劳动的结果。而这种无差别的劳动则凝结为商品价值。

商品均是使用价值和价值的统一。一般来说，没有价值必然就没有使用价值，而有使用价值，则未必有价值。商品使用价值是商品自然属性，而商品价值则是商品社会属性。

商品之所以存在二重性，是因为生产商品的劳动具有二重性，即生产任何一种商品都是在一定生产形式和条件下进行的，即商品生产劳动是具体劳动。同时，任何商品生产若撇开其具体生产形式和条件，那么生产它时总要花费一定数量的体力劳动和脑力劳动，这种同质的、无差别的劳动即为抽象劳动。

劳动的二重性并不表明存在两种劳动，而是同一种劳动有两个方面。

人们生产商品时，总是存在私人劳动和社会劳动的矛盾，而商品交换又要决定人们必须把私人劳动转化为社会劳动。换言之，人们彼此进行商品交换时，总是将个别劳动时间转化为社会同质的劳动时间，而这种社会同质的劳动时间即为社会必要劳动时间，就是它决定商品价值。

（2）货币

商品要交换，除了它们都具有两个因素之外，还必须具有中间媒介物，而这个商品交换的中间媒介物便是货币。而货币并不像古典政治经济学所认为的那样是与生俱来，又永远要存在下去的，它也不像资产阶级所认为的那样无所不能，它不过是社会发展到一定阶段的产物，它具有自己的规则。

货币作为财富的象征，被人们拜望，其实它只是拥有一些职能罢了。货币发行量受限制，一般来说，流通中所需要的金属货币量与待售商品的价格总额成正比，与货币流通速度成反比。纸币发行量必须参照货币运行规则，否则会出现通货膨胀或通货紧缩，这均是不利于经济发展的。

（3）市场经济和价值规律

同简单商品经济和一般商品经济不同，市场经济是商品经济发展到一定阶段的产物。市场经济就是市场在资源配置中起支配作用的经济，它是由市场机制支配的，且以市场体系和市场秩序为前提，但成熟的市场经济也离不开国家的宏观调控和微观管理。

无论是简单商品经济，抑或市场经济，都受价值规律支配。价值规律就是关于商品生产和商品交换规律，其主要内容是商品生产和商品交换要以价值量为基础，实行等价交换，而商品价值量则是由生产商品所花费的社会必要劳动时间决定的。价值规律表现为价格围绕价值上下波动。价值规律可以促使商品生产者改进技术和管理，可以使资源和劳动力在各部门间流通，并使商品生产者实现优胜劣汰。

（4）资本主义经济制度及其演变

经过资本原始积累和资产阶级革命，资产阶级在社会上取得地位。资本主义所有制是生产资料私人占有制，这一所有制在资本主义各个历史时期形式不同，但本质都是大小资本家占据着生产资料。

（5）资本主义生产

资本主义生产前提是货币转化为资本，劳动力成为商品。这是因为资本家要组织生产，必须拥有货币购买生产资料和劳动力，而货币之所以在这里发生了性质变化，是因为货币将购买来的生产资料和劳动力按一定比例投入生产过程，生产过程结束后得到一个货币量，而此时货币量比起刚开始的货币量有一定增加，这个增加部分就是剩余价值。在这里，货币所起的作用已经不同于货币一般职能，货币已经能够通过生产而增值，这样一来，货币就会转化为资本。

当资本家具有两个转化后，它便可以进行资本主义生产。而资本主义生产再也不是一般劳动过程，而是价值增值过程。这里的秘密是资本家在工人生产之前，虽然投放了生产资料和劳动力，但二者在生产中所起作用不同。工人一天的工作日可划分为必要劳动时间和剩余劳动时间，工人在前一段时间为资本家生产，但生产的是工资，而在后一段时间则生产剩余价值。工人在生产工资时，转移了原材料价值，但在生产剩余价值时，这纯粹是工人创造的价值，这不是原材料带来的。据此，马克思把原材料价值叫作不变资本，而把劳动力所得叫可变资本。所谓可变资本，即工人作为资本家投资的一部分资本不仅可以生产工资，还可以创造剩余价值。资本家利用利润率掩盖了他对工人的剥削，而马克思利用剩余价值率揭示了资本家对工人的剥削程度。

一般来说，或者历史地来看，资本家采取两种方式剥削工人生产剩余价值。一种是在必要劳动时间不变的情况下，通过延长工作日，绝对延长了工人为资本家生产剩余价值时间。采用这种方式获得的剩余价值生产为绝对剩余价值生产。相对剩余价值生产是指工作日不变，资本家通过提高劳动生产率，使工人生产工资的时间缩短，从而相对延长了剩余劳动时间，通过这种方式获得的剩余价值生产即为相对剩余价值生产。历史地看，二战之前，资本家一般采用前一种方式生产剩余价值，而战后则纷纷采用第二种方式生产剩余价值。

同资本主义制度建立之前的一切社会形态不同，资本主义生产的过程是剩余价值生产的过程，因此，剩余价值规律是资本主义的绝对价值。

（6）资本循环和周转

资本家总是认为，是它养活了工人，而不是工人养活了资本家。几乎所有的资产阶级经济学家都认为，剩余价值是资本自行增值和全部预付资本带来的，甚至一些经济学家认为，剩余价值是资本家省吃俭用的结果。而马克思通过资本循环和周转理论表明，剩余价值乃至资本积累全是工人创造的。这正如马克思和恩格斯在《神圣家族》里所说的："资本家什么都没有做，工人才创造了一切！"

在马克思看来，资本投入生产过程，生产产品，产品拿到市场上出售，资本家不仅收回了预付资本，而且收获了剩余价值。这样一来，一个生产周期就结束了。但资本主义生产是连续不断，周而复始运行的。资本家手里拥有一定的货币资本到市场上购买生产资料和劳动力，把购买到的生产资料和劳动力按一定比例相结合而投入生产过程，这时资本变成生产资本。当生产过程结束，资本家得到了商品，资本也就由生产资本转化为商品资本。在一个生产周期内，资本在不同阶段拥有不同形式。资本主义生产绝不会一个生产周期结束后就停止了，而是进入下一个生产周期，使生产再继续进行。这样一来，资本主义生产就是以资本三种形式在时间上连续，在空间上并存为前提的。在资本循环中，三种资本形式各自演绎出循环序列。

一般来说，资本周转时间短，资本获得剩余价值就多而快。而资本周转时间要短，就取决于资本再生产和流通中所需的时间。要促进资本周转，关键要缩短劳动和流通时间。

资本周而复始地循环和运行，即资本周转，而资本周转一般是由资本周转速度和资本周转时间来衡量的。而由于预付资本中不同资本构成部分周转上有不同特点，马克思主义政治经济学根据资本周转特征不同划分预付资本不同构成部分，这里有固定资本和流动资本。所谓固定资本就是资本不是一次而是分次转移自己的价值，如机器、厂房等。而流动资本是指资本价值一次可以转移到新产品中，如原料等等。因为资本周转时构成预付资本的各部分资本周转特点不同，一般来说，固定资本周转时间慢，流动资本周转时间快，因而预付资本总周转主要取决于固定资本周转。一般来说，资本家用一定的折旧费获得折旧费，以此为固定资本周转损耗的补偿。

资本家总是采取各种各样的办法来缩短资本周转时间，以便攫取更多剩余价值。

（7）剩余价值的分配

剩余价值理论是马克思主义政治经济学对资本主义生产实质的揭露，而资本家，特别是资产阶级经济学家都不是这样看问题的。尤其是战后发达资本主义国家纷纷实行福利制度，试图进一步掩饰资本主义生产实质，但从马克思主义剩余价值理论看，资本主义生产仍然是剩余价值生产，资本主义仍然是剥削和压迫。

本质隐藏在现象背后，现象表现着本质。正像古典经济学家总是用现象解释资本主义生产，而遭到破产一样，他们总是分不清剩余价值和利润，更别说要区分利润和平均利润了，至于价值转化为生产价格，更是他们苦思不解的东西。而继承和发展了黑格尔方法的马克思则经过分析认为，利润在资产阶级看来是预付资本带来的，而马克思则认为是工人生产的，且是剩余价值的转化形式。当部门间充满竞争，利润率不仅下降，而且会化为平均利润率，有了平均利润率，每个大小资本家便以预付资本不同而获得不同的平均利润，平均利润加上作为生产成本的预付资本便构成生产价格。在资本主义社会，经过竞争，每个参与竞争的资本家只能按生产价格出售自己的产品，这样一来，李嘉图不理解等量资本为什么会获得等量利润而彻底破产，马克思生产价格理论则横空出世！

剩余价值生产和实现后，因资本主义社会产生的相互依存性而在资本家内部进行分配。产业资本家迫使工人生产剩余价值，而产业资本家必须将剩余价值一部分让渡给商业资本家，即商业利润，这样商业资本家才会替他去销售产品。产业资本家还必须把剩余价值一部分作为银行利息和借贷利息让渡给借贷资本家，这样借贷资本家才能为他提供贷款。经过这样的分割，产业资本家得到企业利润。但无论什么样的资本家，总得依靠土地生活，这样还必须有一部分农业资本家投资农业，获得地租，但地租无论是级差地租，还是绝对地租，都离不开土地所有者对地租部分占有。

（8）资本主义再生产和经济危机

资本主义的生产目的在于无限度地追求剩余价值，这是它不同于自然经济之所在。而资本主义为了攫取剩余价值，必然扩大再生产。简单再生产其前提是：$\mathrm{I}(v+m)=\mathrm{II}c$，由此可以推出资本主义扩大再生产的前提是：$\mathrm{I}(v+m)>\mathrm{II}c$，$\mathrm{II}(c+m-m/x)>\mathrm{I}(c+m/x)$。资本主义扩大再生产的基本条件是: $\text{I}(c+v+m)=\text{I}(c+\Delta c)+\text{II}(c+\Delta c)$，$\text{II}(c+v+m)=\text{I}(v+\Delta v+m/x)+\text{II}(v+\Delta v+m/x)$。

资本家组织扩大再生产，会获得越来越多的剩余价值，而剩余价值不断资本化即为资本积累。资本积累既有总量不变的资本集中，又有总量增多的资本积聚。资本集中和资本积聚相互作用，特别是因为资本有机构成提高，使得资本积累加剧，并因此而演绎出资本积累的历史趋势，这既是随着资本积累的加剧，资本主义社会贫富分化，资本家越来越富，而工人则越来越穷。虽然战后资本主义科技迅猛发展，随之而使工人阶级由蓝领工人发展为白领工人，但是工人阶级只是生活条件有所改善，工资待遇有所提高，但仍然不占有生产资料，根本不会成为社会主人，他们仍然是社会的被统治阶级。

在资本主义社会，社会总资本要持续进行生产，必须实现社会总产品的价值，这其实就是两大部分必须协调发展。然而资本主义社会实行生产资料私人占有制，这样一来，它无法避免个别企业生产的有组织性与整个社会陷入无政府状态这一矛盾，以及它也无法摆脱生产无限扩大的趋势和个人购买力日趋缩小之间的矛盾。这种矛盾无非是生产的社会化与生产资料私人占有之间矛盾的具体化。当这些矛盾无法克服时，它便由周期性经济危机形式表现出来。在当代资本主义社会，经济危机虽然同历史上相比较有些特点，但是它仍然存在，且有时会更加严重，如 2007 年金融海啸，直到今天仍然产生着不良影响。

（9）资本主义的历史地位和发展趋势

在马克思主义政治经济学产生之前，古典政治经济学全盘肯定资本主义，而空想社会主义又全盘否定了资本主义。马克思主义则没有形而上学地看待资本主义，而是历史地辩证地看待资本主义，即资本主义不到一百年的时间就创造了比它过去几百年创造的生产力总和还要多的生产力，但资本主义都实行生产资料私人占有制，已经造成了周期性的经济危机，而周期性的经济危机又破坏了社会生产力，且造成工人阶级更加贫困，资本主义社会矛盾更加激化。在这种情况下，资本主义必然灭亡，共产主义必然胜利，这是谁也不能否认的历史趋势。

（三）让社会主义斗争学说从空想迈入科学

1. 空想社会主义产生的背景与主要内容

空想社会主义的构想最早见于16世纪托马斯·莫尔的《乌托邦》一书，是哲人柏拉图的理想国与欧洲国家的社会现实不公平而调和的产物。在文艺复兴时期的人文主义学说的影响下，与莫尔同时代的还有相当一部分人拥有这种思想，但多数人都认为莫尔为空想社会主义的第一奠基人。只是在莫尔的时代并无“社会主义”这个词，“社会主义”这个概念是由圣西门在19世纪初创造的。空想社会主义广泛传播于19世纪初期的西欧。空想社会主义的著名代表人物为圣西门、欧文和傅立叶，他们主张建立一个没有自由资本主义弊端的理想社会。

所有的空想社会主义者都批判了以“私有制”生产方式为主体的资本主义社会制度。莫尔揭露了资本原始积累的罪恶，痛斥了剥夺农民土地的“圈地运动”的掠夺和占有，明确地指出“圈地运动”就是“羊吃人”。圣西门把无政府状态称作是“一切灾难中最严重的灾难”，认为发展自由经济必然导致产生这种无政府状态。傅立叶认为“雇佣劳动制度”就是“恢复奴隶制度”，资本主义工厂就是“温和的监狱”，资本主义社会就是“罪恶的渊薮”“颠倒的世界”。欧文抨击了资本主义私有制，认为“私有制”就是一切阶级之间产生斗争的根源，揭露了资本主义制度下的阶级剥削关系和工人创造的巨大财富被工厂主、商人、银行家、经纪人、收租者、食利者以及达官显贵所瓜分，财富集中在少数人手中，大多数人都沦为“工资制度的奴隶”。空想社会主义者都坚定地相信：资本主义应当被社会主义所代替。

空想社会主义的著名代表人物都深刻地揭露了资本主义社会制度的罪恶，对未来的理想社会提出许多美妙的设想。圣西门设想在未来的新社会中，人人都要劳动，没有游手好闲、不劳而获的人。他相信，只要大家都接受这个理想，新的社会就一定会实现。欧文在美国印第安纳州建立了“新和谐”公社。公社面积1200多公顷，公社成员居住在集体建筑里，亦工亦农。刚开始时公社的生产、生活安排得井井有条，后来由于管理意见分歧，导致了“新和谐”公社的解体。在英国和美国，欧文还建立过好几个类似的公社，但同样都解体了。欧文在晚年时期还提出过共产主义主张，并提出了“教育与生产劳动相结合”的思想。傅里叶主张以他设计的“和谐制度”来代替资本主义制度。他理想的“和谐社会”由多个有组织的合作社组成，其名称叫作“法朗吉”。他在著作中详尽地描绘了“法朗吉”成员的美妙生活。1832年，他与几个门徒共同创建了一个“法朗吉”，不久也维持不下去了。他们试图建立“人人平等，人人幸福”的新型社会。空想社会主义只是一种不成熟的脱离社会实际的理论，反映了正在成长中的进步学者和无产阶级最初的、朦朦胧胧的愿望。

在英法空想社会主义的思想中，无产阶级是一个值得同情的受苦最深的社会群体。他们拒绝一切政治行动，特别是一切革命行动，始终幻想通过思想宣传、典型示范、社会劝导等方式来实现他们的救世方案。他们对资本主义的批判局限于道德上的谴责，对社会主义的论证局限于价值上的判断。

2. 马克思把社会主义置于现实的基础上

马克思对社会主义的阐释和论证，不仅依赖哲学反思还来源于自身的实践，并以唯物史观和剩余价值学说为立论基础，故马克思超越前人、突破陈规，实现了对社会主义学说的历史性变革，形成了全新的社会主义理论，让“空想社会主义”变革为“科学社会主义”。

社会主义产生与发展的根本原因，在于资本主义生产方式的内在矛盾及其社会冲突。社会生产力的发展和生产社会化的不断推进，必然导致社会主义的产生。人类社会是一个由低级走向高级的发展过程。资本主义的产生和发展，推动了人类社会的进步。它创造了比以往更为发达的社会生产力，但又因自身制度对生产关系的局限难以继续驾驭这种生产力，在资本主义制度下生产力和生产关系的冲突日趋明显。

推动社会主义的实现是无产阶级的历史使命。无产阶级是社会化大生产的产物，是先进生产方式和先进生产力的代表。“这个阶级的历史使命是推翻资本主义生产方式和最后消灭阶级。”社会化大生产在促使无产阶级形成的同时，也把无产阶级训练成一个组织性和纪律性很强的阶级。这个阶级也是人数众多的一个社会群体，它的利益要求，代表了社会大多数人的利益。所以，无产阶级的运动是为绝大多数人谋利益的运动。无产阶级要完成自己的使命，必须建立自己的政党，这样“才能作为一个阶级来行动”。无产阶级进行的社会革命是变革资本主义、实现社会主义的基本途径。

在马克思看来，人的全面而自由发展是未来新社会的核心问题，也是社会主义的最高价值追求。在《资本论》中，马克思把未来社会直接称为“自由人联合体”，并强调它是比资本主义社会“更高级的、以每一个个人的全面而自由地发展为基本原则的社会形式”。实现了人的全面而自由发展，也就是实现了人类的彻底解放。他认为，高度发达的生产力，是未来社会建立和发展的前提。没有生产力的高度发展，只能导致贫穷的普遍化，全部陈腐的东西又要死灰复燃。在生产资料公有制的基础上组织社会生产，这种生产将以所有人的富裕为目的。马克思还明确强调，建立公有制并不是把个人财产变为社会财产，也不是剥夺任何人占有社会产品的权力，它只是剥夺利用这种占有去奴役他人劳动的权力。人与社会的关系将出现和谐的状态，国家将由对人的统治逐步转向对社会和生产的管理。

3. 科学社会主义基本原理

科学社会主义是一种政治理论和社会制度，其基本原理如下：

阶级斗争是社会发展的基本动力。科学社会主义认为，人类社会是由阶级斗争推动发展的。在资本主义社会中，资本家和工人之间的阶级斗争是社会发展的基本动力。无产阶级和资产阶级的斗争是现代社会变革的杠杆，无产阶级是作为资产阶级的掘墓人出现的。

社会主义革命是历史发展的必然阶段。阐明生产社会性和生产资料资本主义私人占有形式之间的矛盾的发展，必然导致社会主义取代资本主义，以生产资料的公有制取代生产资料私有制，科学社会主义认为，社会主义革命是历史发展的必然阶段，是由资本主义向社会主义过渡的必然结果。科学论述资本主义必然灭亡、社会主义必然胜利的客观规律。

生产资料公有制是社会主义的基本经济制度。科学社会主义认为，生产资料公有制是社会主义的基本经济制度，它消除了私有制，促进了生产力的发展，实现了人们的平等和共同富裕。

无产阶级领导下的人民民主是社会主义的政治制度。科学社会主义认为，无产阶级领导下的人民民主是社会主义的政治制度，它通过工人阶级和广大劳动人民的领导，实现了民主的权利和社会公正。无产阶级必须推翻资产阶级的统治，夺取政权，并在夺取政权后，彻底打碎旧的国家机器，代之以新的国家机构，建立并巩固无产阶级专政。

全面发展人的自由和个性是社会主义的根本目的。科学社会主义认为，全面发展人的自由和个性是社会主义的根本目的，这需要实现人的物质、文化、精神等方面的全面发展。无产阶级专政是达到消灭一切阶级和进入无阶级社会的过渡。因此，在无产阶级专政条件下，要对整个社会进行改造，发展生产力，进行社会主义建设，不断促进人的全面发展、全体人民共同富裕。从根本上消除妨碍人的自由全面发展的社会政治因素，使人的自由全面发展特别是绝大多数人的自由全面发展具有可能性，而且具有现实性。促进经济、政治、文化的发展，为克服人的片面或畸形发展、实现人的自由全面发展创造必要的条件，逐步实现由社会主义社会向共产主义社会过渡的目标。

总的来说，科学社会主义的基本原理是以阶级斗争为基础、社会主义革命为历史必然、公有制为经济基础、无产阶级领导下的人民民主为政治制度、全面发展人的自由和个性为根本目的。

七、科学思维

（一）实证思维

科学逻辑思维是马克思在研究过程中一个非常突出的特点。马克思同期及以前的理论家，热衷于对事物的辩论、逻辑论证。与他们不同，马克思在建构自己理论大厦时综合运用数学计算和逻辑推理等多种学科知识，如数学、工程学、历史、法学、文艺、农业等近 20 个大类。

马克思在开展政治经济学研究的过程中，如撰写《劳动力的价值或价格转化为工资》《计时工资》《计件工资》《工资的国民差异》等章节时，大量引用了产品数额、工资额度、利润等，从大数据中把握。据统计，在《马克思恩格斯全集》中文版 39 卷本中，涉及各类自然科学家共达 521 人，其中天文学家 29 人，物理学家 60 人，数学家 32 人，化学家 49 人，生物学家 45 人，生理学家 14 人，医学家和医生 195 人，地质学家 17 人，工程技术人员 65 人，其他自然科学家 15 人。

马克思认为“要确立辩证的同时又是唯物主义的自然观，需要具备数学和自然科学知识”。40 岁以后，他为了研究政治经济学以便最终写好《资本论》，又在数学王国里艰苦跋涉。1858 年 1 月 11 日，马克思在写给恩格斯的一封信中说：“在制定政治经济学原理时，计算的错误大大地阻碍了我，失望之余，只好重新坐下来把代数迅速地温习一遍。”这是马克思为什么要研究数学的自我告白。

马克思对于数学的学习绝不是概念性的浅尝辄止，而是系统提升自己的数学思维。按照他的回忆和笔记，我们可以看到：马克思首先系统地复习初等数学，主要是复习初等代数，做了不少初等数学的演算札记，同时研究了初等数学发展史。接下来，他系统地学习和研究高等数学，主要是学习微积分和研究微积分发展史。直到他去世，作为他钻研数学的第三阶段，写出了许多重要的数学论文。马克思研究数学前前后后、断断续续达二十多年之久，可见其所花费的功力和坚韧不拔的毅力。作为钻研数学的成果，马克思留下了一千多页的数学手稿。

《资本论》第二卷中，马克思在论述简单再生产和扩大再生产时，论证了生产资料生产（第Ⅰ部类）和消费资料生产（第Ⅱ部类）之间的数量对比关系。这两大部类的比例是马克思首先提出并加以考察的，是马克思再生产理论以及国民经济计划学的中心问题之一。马克思主义政治经济学之所以伟大，不仅是因为它在理论上是最革命、最科学的，还在于其研究方法在当时也是最先进、最科学的，虽然马克思用的经济模型现在看起来比较简单，但在当时应该说是很不简单的。马克思同时代的所谓资产阶级经济学家都没怎么用数学，《财富论》中并没有数学的应用。由此可见数学对于现代经济学的重要性，其是马克思能形成伟大经济学理论的必要基础。

马克思非常关注自然科学及其技术运用取得的成就，深刻反思和批判了旧唯物主义和唯心主义对科学技术的片面理解。马克思在1847年批判蒲鲁东时就曾引用过这样的材料：1770年英国科学技术造成的生产率与手工劳动生产率的比例为4：1，1840年比例变为108：1。这就说明科学技术的功能使一个工作日的生产率在70年的时间内提高了27倍。

1882年11月，即便到了马克思生命的后期，身患疾病已经不能工作了，他还密切关注德普勒所做的远距离输电的实验，他请恩格斯也注意这个实验并发表意见。为了更好地了解物理学领域中电的应用，马克思还阅读了爱·奥斯皮塔利埃的《现代物理学电的基本应用》一书。

（二）实践思维

马克思的墓碑上刻着两句话，除了大家都知道的“全世界无产者联合起来”，还有一句是“哲学家只是以不同的方式解释世界，而问题在于改变世界”。

马克思并不是书斋里的那种学者，一旦无产阶级革命时机到来的时候，会毫不犹豫地从书房奔赴战场。马克思参与现实斗争，主要是通过两种方式，一是组建政党，二是办报纸。这两种方式都是唤醒无产阶级的阶级意识，凝聚无产阶级力量的现实手段。

马克思投身工人运动，始终站在革命斗争最前沿。1848年，欧洲大陆出现了革命的高潮。马克思、恩格斯创办了《新莱茵报》，这是世界上第一份无产阶级的报纸。同年2月，马克思、恩格斯来到巴黎，很快组成了共产主义者同盟新的中央委员会，马克思亲任主席，领导盟员进行斗争，不久柏林发生革命，马克思、恩格斯秘密回到德国，直接领导科隆工人联合会和民主协会，动员工人参加推翻德国专制制度的起义。

1864年9月，马克思创建和领导了第一个无产阶级群众性国际组织——国际工人协会（第一国际）的革命实践。在第一国际的整个时期，马克思实际上是第一国际的灵魂。他说，工人阶级本质上是国际主义的，不可能存在一个民族内的工人阶级。马克思有句名言，工人阶级分散地努力，只能导致共同的失败，联合起来才能取得胜利。

1871 年法国爆发革命，巴黎公社成立。马克思写了几百封关于巴黎公社的信，寄往所有建立了国际工人协会支部组织的国家，信中阐明了公社的无产阶级性质和历史意义，呼吁对公社给予支持；同时，马克思也批评了公社所犯的错误。巴黎公社失败后，马克思和恩格斯组织对巴黎公社流亡者的救济和援助，领导了总委员会成立的流亡者委员会的工作，设法为流亡的公社社员寻找工作。

恩格斯在马克思墓前的讲话中说："马克思首先是一个革命家，斗争是他的生命要素，很少有人像他那样满腔热情、坚韧不拔和卓有成效地进行斗争。"

（三）实事思维

为了能够批判性地吸收当时的思想理论，创立一个能为无产阶级革命斗争提供正确指导的科学理论体系，马克思亲身参加了当时火热的工人运动，考察了工人阶级的生活状况和革命斗争情况。

在 19 世纪欧洲社会生产力的发展中，德国曾处于落后状态。也正因为如此，德国工人在资本主义生产方式统治下所处的悲惨境况还没有像英国那样充分暴露和展示出来。也就是说，从表面上看，当时德国社会中阶级对立的状况"远不是那样坏"。面对这种情形，总是囿于狭隘的视界的德国观察家和经济学家不在少数，他们站在本国的角度暗自庆幸，或"伪善地耸耸肩膀"，或"乐观地自我安慰"。

《摩泽尔记者的辩护》发表在1843年1月出版的《莱茵报》上，它是马克思在担任《莱茵报》主编的第二年发表的文章。马克思以摩泽尔记者的名义对摩泽尔河沿岸地区居民的生活状况进行了深入调查研究，揭露了摩泽尔河沿岸地区政府脱离人民的管理机构的“官僚本质”。

莱茵省地方政府一直以来把摩泽尔河沿岸地区葡萄种植者普遍贫困的事实归咎于种植者自身，致使葡萄从业者对这种官僚主义的做法极为反感。然而，官方却把葡萄种植者对普遍贫困求助的呼声看作是无理取闹。马克思通过深入调查研究对总督的非难做出了回应。马克思在对“特里尔乡区和城区以及萨尔堡区的葡萄园收入数据”查阅中发现，官方发言人和协会理事会之间在计算支出的问题上存在着明显的分歧。比如，“葡萄园主实行修剪侧枝和松土这些作业”是要算到葡萄园收入成本中去的，而地政局的局长却说“这是不符合事实的”。

1843年到巴黎后，马克思一方面筹办新杂志，一方面亲身参加了当时火热的工人运动，考察了工人阶级的生活状况和革命斗争情况。一天清晨，马克思换上一身洗得已经发白了的旧衣服，匆匆走出了家门。他步行来到了市郊的一个贫民区，走过了一条条拥挤肮脏的小胡同和一排排彼此十分相似的破旧的房屋，最后在一个低矮狭窄的宅院门前停了下来。敲过暗号后，院门打开了，一个工人模样的人用警惕的目光上下打量着他。马克思从容地回答了暗号，于是他被领进了一座房子，房间里阴冷潮湿，浑浊的空气弥漫着一股浓烈的劣质香烟的烟气。在昏暗摇曳的烛光中隐隐可以看见拥挤着的十几个人——巴黎的一个工人秘密组织正在这里开会。经朋友介绍，马克思前来旁听，这是马克思初来巴黎时深入考察工人运动的一个场景。在巴黎居住期间，马克思经常深入到工人群众之间。

马克思在巴黎一共居住了一年零三个月。其间，他与巴黎工人阶级和各国革命流亡者建立起了十分密切的联系。他参加过许多次工人集会，在会上发表过演讲，与很多工人谈过心，也结识了不少社会主义理论家和工人运动的活动家。在这一过程中，马克思更深刻地了解了资本主义制度下工人阶级受压迫的地位，掌握了法国工人运动的不少有益的政治斗争经验。另外，他还清楚地看到工人运动的发展还处在很不成熟的阶段，工人阶级还受到空想社会主义等各种糊涂观念的严重影响。这种情况表明，工人运动极需要得到正确理论的指导。

1845年夏天，流亡到英国的马克思第一次来到曼彻斯特，拜访因家族生意而被派驻曼城管理棉纺织厂的恩格斯。19世纪的曼彻斯特作为工业革命发源地，最早把蒸汽机成功运用于纺织行业。产自海外的棉花被源源不断运到这里，在大大小小的纺织厂里加工成产品，再通过火车、运河销往世界各地；乡下人纷纷到城里找工作，机器日夜不停运转，浓烟从林立的烟囱中冒出……曼城也因此得名“棉都”。当时曼城市区里一个名为“小爱尔兰”的地方，是马、恩所处时代最贫穷、最糟糕的贫民窟，大量穷苦的爱尔兰工人聚居于此，这里也是恩格斯和马克思非常熟悉的地方。恩格斯曾在《英国工人阶级状况》中如此描述“小爱尔兰”:“在高大工厂和建筑物之中，有四百多座木屋，供4000多人居住，大多数来自爱尔兰。木屋又脏又破又狭小，街道坑洼不平，水坑中漂着令人作呕的污物和垃圾，周围数十根烟囱排出的烟雾污染着空气，一群衣衫褴褛的妇女和孩子出没其中……在如此阴暗、潮湿、污浊不堪的环境中生活的人，一定承受着人类所能忍受的极限。”

工业化城市带来可怕的问题，迫使工人阶级开始自觉寻求民主。马克思和恩格斯吃惊地发现，早在19世纪40年代，在曼城一个纺织厂区里，每到星期天就有3000多个工人集体坐在路边谈论政治、社会和文化。这是很震撼的场景。工人们把宗教歌曲或赞美诗改为世俗歌曲，唱出他们希望联合力量改变社会现状的心声。

工业城市的发展和无产阶级的命运吸引马克思多次造访曼彻斯特。自1845年恩格斯留居曼城后的20多年间，马克思每年至少去曼城一次，每次停留时间都不短。在这里，马、恩二人走遍大街小巷，目睹了繁华背后生活在社会最底层工人的悲惨境况。这些工业化进程中的黑暗篇章令年轻的马克思更加直观地了解到资产阶级对无产阶级的剥削，为他后来完善剩余价值学说、揭露资本主义剥削的本质提供了重要且丰富的实地素材。

（四）实史思维

马克思对欧洲学术界几乎所有的重要思想都作了深入研究，从来不放过对自己思想发展有意义的学术资源。他相继关注了波兰革命、中国鸦片战争和鸦片贸易、印度宗教和种姓制度、俄国的土地改革和农奴制，撰写《不列颠在印度的统治》《中国革命和欧洲革命》《俄国的对华贸易》等，通过历史研究为唯物史观、科学社会主义等理论创造提供营养。

善于从历史经验中找寻答案。据资料显示，马克思的遗稿中包括了约200部笔记摘要。这些笔记摘要时间跨度从1837年到1882年，涉及德语、古希腊语、拉丁语、法语、英语、意大利语、西班牙语和俄语等八种语言。

同时，马克思指出历史研究要从世界角度系统地进行才更加科学。如，马克思在研究中国历史时提出："如果在英国发明了一种机器，它夺走了印度和中国的无数劳动者的饭碗，并引起这些国家的整个生存形式的改变，那么，这个发明便成为一个世界历史性的事实。"

1880 年—1882 年，也就是马克思去世前的三年里，他还如饥似渴地研究世界各国已有的历史理论著作。如，马克思阅读了柯瓦列夫斯基的著作《公社土地占有制，其解体的原因、进程和结果》，并作了详细笔记；研究了摩尔根的《古代社会》、莫尼的《爪哇，或怎样管理殖民地》、菲尔的《印度和锡兰的雅利安人农村》、索姆的《法兰克法和罗马法》、梅恩的《古代法制史讲演录》等著作，并且作了评注性的摘录。

1882 年马克思还研究和摘录了拉伯克的著作《文明的起源和人的原始状态》。马克思还认真研究世界通史，作了《编年摘录》，摘录了公元前 1 世纪初至公元 17 世纪中叶世界各国、特别是欧洲各国的政治历史事件。1882 年，马克思还撰写了《关于俄国 1861 年改革和改革后的发展的札记》，这是系统地整理和概括他所研究的关于俄国的资料和文献的开始。

八、著作文章

（一）《青年在选择职业时的考虑》

1830—1835年，卡尔·马克思在特里尔中学学习。特里尔中学是一所很好的学校，拥有一些出色的学者和科学家，学校教育以贯彻自由主义精神著称。中学的学习课程范围是广泛的，但卡尔并不觉得吃力。他天资聪颖，领会力强，能够轻松地掌握课程中最难懂的地方。尤其与众不同的是，他很早就表现出富有独立思考能力和创造性的特质。他学习非常努力，作文总是具有丰富的思想，语言犀利；他的数学学得相当好，对古代语言和法语也有浓厚兴趣。当中学毕业时，他已能相当流利地阅读和翻译法语，也能深刻地理解用拉丁文和希腊文这些古代语言写成的经典作品。

1835年秋天，马克思写了这篇名为《青年在选择职业时的考虑》的作文。当时，马克思和他的同学就要毕业，面临着升学和就业的问题，大家都在考虑自己的前途。有的人希望成为诗人、科学家或哲学家，献身文艺和学术事业；有的人打算当教士或牧师，幻想天堂的幸福；有的人则羡慕资产者的豪华生活，把舒适享乐作为自己的理想。

马克思与其他同学的想法不同，他没有考虑选择哪种具体职业，而是把这个问题提高到对社会的认识和对生活的态度上加以考虑和回答。

在毕业作文中，马克思写道：人与动物不同，动物完全依赖自然的生活条件，只能在自然提供的一定范围内活动，而人却能掌握自己的命运，有选择的自由。这正是人比动物优越的地方。但是，如果认为生活在社会中的人们能够不受任何限制，随心所欲地自由选择职业，那就完全错了。人们在选择职业时，正如人们在社会上的其他活动一样，并不是完全取决于自己的希望和志愿，而要受到自己所处的社会地位和社会中的关系的限制。他说："我们并不总是能够选择我们自认为适合的职业；我们在社会上的关系，还在我们有能力对它们起决定性影响以前就已经在某种程度上开始确立了。"这是一种非常深刻的思想。在这里，马克思已经把人们的活动、人们的职业与人们在社会上的关系联系起来。后来马克思在许多著作中进一步发展了这一思想。

马克思认为，选择职业是关系到个人生活目的和生活道路的重大问题。因此，不应该为一时的兴趣、渺小的激情、个人的虚荣心所左右，而必须采取严肃的态度："选择一种使我们最有尊严的职业；选择一种建立在我们深信其正确的思想上的职业；选择一种能给我们提供广阔场所来为人类进行活动……的职业。"

在选择职业时，还必须清醒地估计自己的能力。那些较多地研究抽象真理，而不太深入生活本身的职业，对这样的青年来说是危险的，即还没有确立坚定的原则和牢固的、不可动摇的信念的青年。

马克思认为，在选择职业时必须考虑的最重要的原则，是生活和工作的目标。一个人如果仅仅从利己主义的原则出发，只考虑如何满足个人的欲望，虽然也有可能成为出色的诗人、聪明的学者、显赫一时的哲学家；可是，他绝不能成为伟大的人物，也不能得到真正的幸福。他的事业是渺小的，他的幸福是自私的。一个人只有选择为人类服务的职业，只有为人类最大多数人的幸福而工作，才是高尚的人，才能得到真正的幸福，才有不可摧毁的精神力量。马克思说：“历史承认那些为共同目标劳动因而自己变得高尚的人是伟大人物；经常赞美那些为大多数人带来幸福的人是最幸福的人。”“如果我们选择了最能为人类福利而劳动的职业，那么重担就不能把我们压倒，因为这是为大家而献身；那时我们所感到的就不是可怜的、有限的、自私的乐趣，我们的幸福将属于千百万人，我们的事业将默默地但是永恒发挥作用地存在下去，而面对我们的骨灰，高尚的人们将洒下热泪。”

为人类服务，这是少年马克思的崇高理想，也是马克思在中学毕业作文中所阐述的主要思想。在漫长的斗争岁月中，他始终不渝地忠实于少年时代的誓言。他的一生，就是为人类服务的最光辉的榜样。

（二）《黑格尔法哲学批判》

《黑格尔法哲学批判》是马克思的一本早期著作，也是马克思批判黑格尔哲学的第一部著作。1843 年 3 月中至 9 月底写于克罗茨纳赫，原稿共 39 张，其中第一张没有保留下来，标题为出版时所加。中译文收入《马克思恩格斯全集》第一版第 1 卷、第二版第 3 卷。

这部著作是对黑格尔《法哲学原理》阐述国家问题的部分所作的分析和批判。马克思在任《莱茵报》主编期间通过参加现实斗争，动摇了对黑格尔哲学的信仰。退出《莱茵报》后，他系统地研究了欧美一些国家的历史，尤其是法国大革命的历史，并阅读了费尔巴哈的《关于哲学改造的临时纲要》，得到很大启发，于是开始了对黑格尔哲学的批判。

马克思在柏林大学期间就关注了黑格尔的法哲学，并深受影响，而

《莱茵报》时期的经历需要他“第一次遇到要对所谓物质利益发表意见的难事”，这动摇了他对黑格尔哲学的信仰。退出《莱茵报》编辑部后，马克思在克罗茨纳赫阅读了大量的历史学著作，这为他提供了丰富的材料，而费尔巴哈在《关于哲学改造的临时纲要》中关于思维和存在关系的唯物主义论述，则直接推动了他对黑格尔哲学的批判，并提供了方法论上的借鉴。

在著作中，马克思将批判的焦点集中在社会和政治问题上，对黑格尔《法哲学原理》第261—313节有关国家和法的论述从多个方面进行了几乎是逐节的批判。在他看来，黑格尔把观念变成独立主体，把家庭和市民社会对国家的现实关系变成“观念的内在想象活动”。马克思批判了黑格尔这种头足倒置的思辨唯心主义，指出“家庭和市民社会都是国家的前提”“家庭和市民社会使自身成为国家”“政治国家没有家庭的自然基础和市民社会的人为基础就不可能存在”。在分析市民社会和国家的关系的同时，马克思结合德国和整个西欧的政治状况，揭示了个人存在同社会存在的分离，指出其主要原因是现代国家不可能实现人的普遍本质和人民的利益。只有“真正的民主制”才能消除政治国家同市民社会、政治领域同社会领域、国家公民和作为社会成员的市民的分离。“在民主制中，国家制度、法律、国家本身，就国家是政治制度来说，都只是人民的自我规定。”马克思强调人民群众在社会生活中起决定作用，“必须是国家制度的实际承担者——人民成为国家制度的原则”，人民绝对有权利为自己制定新的国家制度。这表明他已经接近阐明人民创造国家的思想。同时，马克思在批判中还揭露黑格尔思辨唯心主义的实质是颠倒现实关系，本来是出发点的事实却被神秘地变成观念的产物，即黑格尔“不是从对象中发展自己的思想，而是按照自身已经形成了的并且是在抽象的逻辑领域中已经形成了的思想来发展自己的对象”，而黑格尔法哲学的思辨唯心主义就在于“使政治制度同抽象观念建立关系，把政治制度列为它的（观念的）发展史的一个环节”。

《黑格尔法哲学批判》在马克思思想发展中具有非常重要的意义。此时，他只处在一般唯物主义的水平，离历史唯物主义还很远，但这部书稿却标志着马克思在批判黑格尔法哲学的过程中自觉地向历史唯物主义转变。正如他自己回顾这段经历时所说的：“法的关系正像国家的形式一样，既不能从它们本身来理解，也不能从所谓人类精神的一般发展来理解，相反，它们根源于物质的生活关系，这种物质的生活关系的总和，黑格尔按照18世纪的英国人和法国人的先例，概括为‘市民社会’，而对市民社会的解剖应该到政治经济学中去寻求。”

（三）《论犹太人问题》

《论犹太人问题》是马克思于1843年创作的政治论文，首次发表于《德法年鉴》。

19世纪的欧洲，犹太人的政治权力问题在反犹太主义的现实中一直是个严重的社会问题。1843年，青年黑格尔主义者布鲁诺·鲍威尔发表了《犹太人问题》，坚持认为一个以基督教为国教的封建国家本质上是“不会解放犹太人的”。鲍威尔认为犹太人要放弃自己的宗教信仰，从而将犹太人解放这个社会问题宗教化。

在马克思看来，鲍威尔在论述中把犹太人解放这一政治问题归结为纯粹的宗教问题，无疑是将政治解放这一社会问题宗教化。马克思指出宗教并不是政治压迫的原因，而是政治压迫的表现。因此，只有消除政治压迫，才能克服宗教的狭隘性，而政治解放只是把宗教从国家向市民社会转移，并不要求绝对地废除宗教，这显然是“毫无批判地把政治解放和普遍的人的解放混为一谈”。马克思认为，资产阶级的政治革命把市民社会从封建主义桎梏下解放出来，消除封建等级制和封建特权，这是历史的进步，但是这种政治解放只是市民社会的革命，实现的只是资产阶级的民主自由，还远远不是人的解放。要实现人的解放，就必须突破资产阶级政治解放的历史局限性，对社会进行革命改造，消灭私有制，消除人的生活本身的异化，阐明共产主义革命同资产阶级革命的区别，为人类解放指明方向。

马克思认为犹太人问题的根本不是犹太人和普鲁士国家之间的关系，不是犹太人作为一个民族因为其背后特有的文化和现代理性之间的问题，而是现代国家的内在缺陷，是政治解放的内在局限。

马克思广泛阅读诸多国家的政治著作，了解其他国家，尤其是北美的情况。而北美的真实情况是：有完备的现代民主政治，在国家和宗教的关系上已经实现了政教分离。但与此同时，宗教依然生机勃勃。在这种情况下，鲍威尔所勾勒的画面已经被证明是不成立的。既然已经进行了政治革命，有了现代国家，为什么还要宗教？马克思从这个角度切入，去看看在北美这个完备的现代缺陷国家所表露出来的缺陷，或者说是政治解放的限度。

马克思指出，市民社会和国家是分裂的，现代国家是抽象的。基督教的真理是人的自由。基督教以上帝的方式告诉你，人的真理是人自我行规定。所以基督教并不仅仅强调上帝的绝对性、人的被规定性。从这个意义上讲，蕴含在基督教的那个环节的真理也可以被称作：人的主权（manssovereign）。

人的主权在政治维度上即人民主权，人民主权听起来似乎是后基督教世界的，但是按照黑格尔的理解，它是在基督教环节中被承认的。主观自由真正地被承认要经历古罗马帝国、基督教世界，然后再到现代政治国家这三大环节。所以现代国家在这个意义上，被马克思理解为是以人造的政治国家的方式把内在的基督教的原则，即人的主权实现出来的环节。在这个意义上，它是基督教国家，它实现了基督教环节中的真理。

但是这样的国家根本不能长久存在，维系着国家和市民社会联系的那种政治认同必定衰弱。一旦这种政治意识衰弱了，这个国家就沦为只属于市民社会本身的，是市民社会内部的一个环节的外在国家，也就是市民社会维持自己的工具。

当马克思强调人的解放时，意指在市民社会生活的个体，经由自己具有社会性的劳动上升到具有类的高度的社会存在，即不再有个体和共同体，个体和类的割裂。因为要让这些个体所行的劳动本身就是社会所要求的，本身就是有社会规定性的，所以这些个体在当下的行为中就可以上升为社会性的存在，不再需要拥有选举权的公民才能体会到自己是社会性的自己的普遍性高度。

解决市民社会和国家的对立，厘清现代国家的发展趋势，知道现代国家终将衰亡，市民社会会变成我们生活在其中的唯一的领域，我们会陷入一种新的异化之中，会被一种新的异化所掌控。那么很清楚，这时候的社会解放的道路在于社会领域之内，在于对社会本身进行结构性的变革，在于取消使得市民社会陷入这样一种存在的前提和条件。而这种前提和条件就是私有财产关系。在社会内部进行变革，取消导致这种生活状态的私有财产制度，变成了他所讲的超越了政治解放的人的解放的现实内涵。

（四）《1844 年经济学哲学手稿》

《1844 年经济学哲学手稿》是马克思未完成的经济学哲学著作，1844 年 4 月至 8 月在巴黎创作。手稿在马克思生前没有发表，直到 1932 年才首次全部发表，是马克思进行政治经济学和哲学研究的最初成果。

1843 年 10 月，马克思以极大的热情投入到广泛的政治经济学研究之中，先后仔细阅读了包括亚当·斯密、大卫·李嘉图等在内的 15 位古典经济学家的 19 部经济学著作，深刻指出“生产不仅把人当作商品、当作商品人、当作具有商品的规定的人生产出来，它依照这个规定把人当作既在精神上又在肉体上非人化的存在物生产出来”。

《手稿》在马克思生前没有问世，直到 1927 年，在马克思逝世 44 年后，才由苏联马列主义研究院院长梁赞诺夫主持，将其中部分译文以《〈神圣家族〉的预备著作》为题发表于《马克思恩格斯文库》第 3 卷，当时并没有引起广泛注意。1929 年 2 月，巴黎出版的《马克思主义评论》杂志第 1 期上，编者以《关于共产主义和私有制的札记》《关于需要、生产和分配的札记》为题发表了另一些片段。1932 年苏联的阿多拉茨基等人在其编辑出版的《马克思恩格斯全集》第 1 部分第 3 卷中，以《1844 年经济学哲学手稿：国民经济学批判》为题全文发表了这部手稿。几乎与此同时，德国社会民主党理论家朗兹胡特和迈尔在其编辑出版的《卡尔·马克思历史唯物主义早期著作集》中，发表了题为《国民经济学和哲学》的手稿的另一个德文版本。《手稿》发表后，在西方世界引起众多领域学者的关注和讨论，促进了西方马克思主义的兴起和发展。

《手稿》是马克思从哲学领域逐步深入到经济领域研究人的解放问题的重要思想成果，开创了哲学指导下的经济学研究道路以及以经济学为基础的哲学发展道路，马克思的共产主义理论正是以这种结合为基础的。同时，该书也是马克思一生政治经济学批判研究的起始点。该书包括相互关联的三份手稿。第一份手稿是关于工资、资本的利润、地租的研究和分析；第二份手稿是对私有财产及其运动的分析；第三份手稿是对私有财产、分工、货币的进一步研究，并由此引发了马克思的共产主义观念、马克思的历史唯物主义观念以及对黑格尔哲学的系统清理。

在马克思看来，资本主义私有制条件下异化劳动有四种基本形式：一是劳动产品的异化，亦即物的异化。工人通过劳动生产出的产品不但不为工人所拥有，反而成为支配奴役工人的异己力量。工人生产的产品越多，他就越受自己产品的奴役；工人创造的价值越多，他自己就越没有价值；劳动为富人带来了奇迹般的财富，但为工人带来了赤贫。二是人的生产活动本身的异化，亦即自我异化。劳动对工人来说是外在的东西，工人在劳动中不是肯定自己，而是否定自己；不是感到幸福，而是感到不幸；不是自由地发挥自己的体力和智力，而是使自己的肉体受折磨、精神遭摧残。这种劳动不是自愿的劳动，而是被迫的强制劳动。只要各种强制一停止，人们就会逃避这种劳动。三是人的类本质同人相异化。人是类存在物，自由自觉的活动即劳动是人的类本质。人的类本质必须对象化，而人在劳动中生产的产品、创造的对象世界正是自己类本质的对象化和确证。然而异化劳动表明了人既失去了自由自觉的劳动，也丧失了赖以实现和确证其活动的对象世界，因而导致了把类生活变成维持个人生活的手段，使人与自己的类本质相异化。

四是个人与他人相异化。当工人与自己的劳动产品、自己的劳动、自己的类本质相分离时，必然意味着他人对工人本该拥有的东西的占有，因而必然导致人与人相对立。通过异化劳动，人不仅生产出作为异己的、同他敌对的力量的生产对象和生产行为的关系，而且生产出其他人同他的生产和他的产品的关系，以及他同这些人的关系。马克思认为，异化劳动的上述对抗性质，既暴露了资本主义的非人性和反人道性，也暴露了资产阶级政治经济学对资本主义的非批判性。

（五）《神圣家族》

《神圣家族》是马克思和恩格斯第一次合写的批判青年黑格尔派主观唯心主义和论述历史唯物主义的著作，成书时间约为 1844 年—1845 年。

当时，青年黑格尔派的布鲁诺·鲍威尔等人鼓吹以自我意识为基础的主观唯心主义，认为历史不在“粗糙的物质生产中”产生，而是在“天上的迷蒙的云兴雾聚之处”演绎，是思想活动的产物。他们把改造社会的事业归结为批判的大脑活动，认为纯粹的思想是社会进步的动力；他们坚持敌视人民群众的唯心史观，称群众为“精神的敌人”，把群众说成是“非批判的”、是消极被动的“群氓”。

《神圣家族》一名本来是意大利文艺复兴时期著名画家安得列阿·曼泰尼雅一幅名画的题目，画中的人物是圣母玛利亚抱着圣婴耶稣，旁边有玛丽娅的丈夫圣约瑟，有圣伊丽莎白、圣约翰、圣亚拿以及一些天使和神父。马克思和恩格斯借用这个名字是为了讽喻以布鲁诺·鲍威尔为首的青年黑格尔派。这些人妄自尊大，把自己神圣化，自以为超乎群众之上，专门从事主观唯心主义的说教。

马克思、恩格斯提出了人民群众在历史中起决定作用这一重要的历史唯物主义原理，指出随着物质生产的发展，群众必然会认识到自己的利益同少数统治者的利益相冲突，必然会自觉地参加到社会的历史活动中来，群众是社会进步的主要动力。《神圣家族》是马克思和恩格斯在制定无产阶级世界观的理论基础，即辩证唯物主义和历史唯物主义过程中的一个重要里程碑。列宁指出："它奠定了革命唯物主义的社会主义的基础。"

主要内容包括：

一是阐述了青年黑格尔派自我意识哲学的基本观点。布鲁诺·鲍威尔等人的思辨哲学，用"自我意识"代替现实的个体的人，并鼓吹"精神创造众生，肉体则软弱无能"。他把自我意识提升为自我意识的实体，使自我意识从人的属性变成了独立的主体。布·鲍威尔等人把自我意识看作世界的本质，把批判说成是世界的本质属性。他们宣布批判是绝对精神，而他们自己就是批判。布·鲍威尔等人在一切领域内贯彻其自我意识哲学，否定任何领域实体的存在。鲍威尔批判施特劳斯把实体视为绝对物的观点，认为如果不加批判地在一个领域内假定有实体，即使是对个别的荒谬的论点而言，也是不彻底的。他把无限的自我意识变成绝对的形而上学的主体。马克思对布·鲍威尔自我意识哲学给予全面的批驳。

二是对黑格尔思辨唯心主义的批判。在《神圣家族》中，马克思揭露了黑格尔哲学的基本特点，就是把一切现实的问题变成思辨的问题，从而颠倒了思维与存在的关系，成为颠倒的世界观。马克思指出，黑格尔思辨唯心主义的认识论根源，在于把概念作为独立存在的本质，当作感性对象的来源和基础，颠倒了具体的客观事物与抽象观念之间的关系，使一般概念实体化，而把现实事物虚幻化。在此基础上，黑格尔歪曲了从个别到一般和从一般到个别的辩证认识过程，不仅割断了一般概念的来源，还把从一般回到认识个别的过程，歪曲成一般观念创造特殊事物的神秘过程。

三是对鲍威尔等关于精神与群众对立谬论的批判。首先，批判青年黑格尔派颠倒自我意识与历史、与群众的关系，指出其宣扬的是理论化了的目的论，阐明人类是主体，历史是人们自己的历史的观点。其次，揭露鲍威尔等人敌视群众，把群众视为精神的真正敌人，制造精神与群众的对立，这种历史观是对黑格尔唯心主义历史观的庸俗化。

四是对历史唯物主义一些重要原理的阐述。首先，第一次提出物质资料的直接生产方式是历史发展的现实基础，用直接的生产方式去区分历史的阶段，初步阐述了物质生产方式决定社会历史发展的原理。其次，分析了资本主义社会无产阶级与资产阶级的对立统一关系，阐明无产阶级的历史作用，为科学社会主义奠定了唯物主义的基础。最后，在批驳布·鲍威尔宣扬的群众是历史发展的障碍等谬论时，阐述了“历史活动是群众的事业”，人民群众在历史上的决定作用的思想。

五是对 18 世纪法国唯物主义发展史概况的分析。首先，分析哲学思想发展与社会政治斗争、自然科学发展的联系，从唯物主义和唯心主义两个基本哲学派别斗争的角度考察哲学思想的发展。其次，追溯 18 世纪法国唯物主义的来源并分析其发展概况。最后，分析社会主义学说与唯物主义理论之间存在的必然联系，指出从唯物主义理论必然导向社会主义的学说。

（六）《关于费尔巴哈的提纲》

《关于费尔巴哈的提纲》是马克思于1845年春创作的一篇政治文章，最早发表于1888年。

在早年时期，马克思曾深受黑格尔哲学影响，后来在费尔巴哈的影响下转向了唯物主义，但他本人对费尔巴哈的人本学唯物主义无视社会实践、抽象谈论人的本质和“爱”的说教不满，持有一定的保留态度。在创立新世界观的过程中，为了与费尔巴哈旧唯物主义划清界限，阐述自己的新唯物主义，马克思于1845年春在布鲁塞尔完成了批判费尔巴哈的这十一条提纲。

《关于费尔巴哈的提纲》主要内容分为三个方面：一是批判了费尔巴哈旧唯物主义忽视人的主观能动性和唯心主义、片面夸大主观能动性的错误，阐明了马克思以实践为基础的新唯物主义哲学与旧哲学（包括旧唯物主义与唯心主义）的区别；二是批判了旧唯物主义的唯心史观，论述历史唯物主义的几个基本问题；三是从阶级基础、哲学功能和使命等角度阐述了新、旧哲学的区别。《关于费尔巴哈的提纲》揭露了旧唯物主义哲学的阶级局限性，阐明了马克思主义哲学的阶级基础和历史使命。

《关于费尔巴哈的提纲》全文11条，大致可分为三个部分：总论部分（1—2条）：从总的方面揭露和批判了包括费尔巴哈在内的旧哲学的根本缺陷，阐明了实践在认识过程和社会历史发展中的地位和作用，提出了实践是认识论的基础和检验真理的标准。分论部分（3—9

条）：用实践的观点批判了旧唯物主义的社会观和历史观的唯心主义错误。批判了旧唯物主义关于人与环境、教育的关系、宗教的本质、人的本质以及社会生活的本质等方面的错误观点，提出了历史唯物主义的一些基本观点。结论部分（10—11条）：注重实践，揭露旧唯物主义唯心史观的阶级根源，阐发了新旧哲学的根本区别以及新哲学的阶级立场和历史使命。

（七）《德意志意识形态》

《德意志意识形态》是马克思、恩格斯创作的哲学著作，写作于1845年—1846年间，该书首次出版于1932年。

1845年春，恩格斯移居布鲁塞尔，马克思向他叙述了当时大体已经形成的唯物史观。19世纪40年代，费尔巴哈、鲍威尔等人宣扬自己的英雄史观，认为“人是人的作品，宗教是人类精神之梦”“人的自我意识是一种普遍力量，是世界和历史的唯一力量”于是，马克思和恩格斯以对当时德国资产阶级和小资产阶级的思想体系进行总批判的形式来做出回答，指出“一切历史冲突都根源于生产力和交往形式（生产关系）之间的矛盾”。

马克思、恩格斯在对各式各样唯心史观思想进行深刻分析和批判的基础上，阐述了唯物史观的基本内容，如社会存在决定社会意识、生产方式在社会生活中起决定作用、生产关系必须适合生产力的发展等，标志着马克思主义哲学的成熟。

作为一种新哲学，与旧哲学彻底划清了界限。这是考察标志的一个重要方面。在《关于费尔巴哈的提纲》和《德意志意识形态》之前，马克思、恩格斯曾经多次批判过黑格尔和青年黑格尔派哲学，对费尔巴哈的哲学也进行过批评和保留，但总的来说，是对费尔巴哈做了过高的评价。在《1844年经济学哲学手稿》中，马克思还称赞费尔巴哈的《未来哲学原理》和《基督教的本质》等著作是“给社会主义提供哲学基础”；直到《家族》一书中，也还存在“对费尔巴哈的迷信”和“热烈的赞扬”。而在《关于费尔巴哈的提纲》和《德意志意识形态》中，费尔巴哈则成了马克思的批判对象。马克思公开树立起“新唯物主义”的旗帜，同一切旧哲学，包括费尔巴哈在内的一切旧唯物主义划清了界限。马克思说：“把我们从前的哲学信仰清算一下”，其中就包括费尔巴哈人本主义的影响。

《德意志意识形态》分两卷深入批判了以费尔巴哈、鲍威尔和施蒂纳等人所代表的唯心史观哲学，以及当时德国流行的“真正的社会主义”“德国社会主义”等各种虚假的社会主义流派，系统阐述和论证了唯物史观的基本原理，其基本观点如下：

第一，坚持用唯物史观论证研究现实的人的活动及其物质生活条件是科学历史观的前提。在著作中，马克思和恩格斯全面系统阐述了社会存在决定社会意识的实践的唯物史观。他们科学分析了社会存在和社会意识的辩证关系，坚持把物质实践看作社会意识的决定性因素，强调要从实践即从现实生活中活动的人出发来解释观念，坚持了唯物史观。他们指出“人们为了能够‘创造历史’，必须能够生活”，而人们的生活离不开的衣服、食物、房屋等物质生活资料只有通过生产活动才能获得，因此物质生产对推动人类历史发展具有决定性作用。在此基础上他们强调人类的物质生产是人区别于动物的根本标志，是人类第一个历史活动即整个历史发展的出发点，考察社会历史要从“物质生活的生产即劳动”出发。

第二，明确提出人类历史的发展过程是生产力与生产关系的矛盾运动过程。马克思、恩格斯把生产力和交往形式之间的矛盾看作一切历史冲突的根源，第一次阐述了生产力与生产关系（即交往形式）的矛盾运动规律。其主要思想是：生产力决定生产关系。在社会发展的一定阶段上，都有同生产力发展的一定水平相适应的生产关系；生产力发展到一定阶段，两者必然出现矛盾，最终引发革命；通过革命适应先进生产力发展要求的新生产关系代替旧生产关系，促进了生产力发展，但不断提高的新生产力水平又受到这种生产关系的制约，矛盾不断激化进而引发新的革命。

第三，科学预言了资本主义灭亡和共产主义胜利的历史发展必然趋势。马克思和恩格斯从生产力和生产关系的矛盾运动及其规律出发，论证了作为剥削社会最后形式的资本主义社会被人人平等的共产主义代替的历史必然性。在人类历史上，与由低到高的不同生产力水平相适应，曾经历过部落所有制、古典古代的公社所有制和国家所有制、封建的或等级的所有制、资本主义所有制。资本主义社会由于新航线的发现、冒险者的远征、殖民地的开拓而引起了社会生产力的巨大发展与世界市场的形成，形成了交往方式的全球化扩展。而生产力的高度发展和普遍交往建立了未来共产主义新社会创建的前提条件。因此资本主义也是人类历史上暂时的交往形式，到了共产主义社会，“随着联合起来的个人对全部生产力的占有，私有制也就终结了”。

第四，强调无产阶级夺取政权是实现资本主义向共产主义过渡的根本前提。马克思和恩格斯强调了无产阶级反对资本主义的革命性，指出，“使现存世界革命化，实际地反对并改变现存的事物”，是实践的唯物主义者也就是共产主义者需要面对的全部问题。他们进一步指出无产阶级的斗争目标是实现共产主义，要把共产主义作为自己的具有世界历史性质的事业，并使自己在实现共产主义的过程中获得世界历史意义上的存在。他们把夺取政权看作是无产阶级消灭整个旧的社会形式和一切阶级统治的根本前提，特别强调了无产阶级夺取国家政权的重要性和紧迫性，这一可贵的思想已经展露出无产阶级专政学说的萌芽。

第五，从历史唯物主义逻辑出发预见未来的共产主义社会。马克思和恩格斯没有像空想社会主义者那样描绘共产主义的详情细节，而是基于社会经济关系的深刻分析对未来社会做了合乎逻辑的推理和预测。他们指出，作为“真正的共同体”的未来社会将消灭私有制，代之以生产资料的社会共同占有以及社会生产的共产主义调节，以至于“个人重新驾驭这些物的力量”“各个人在自己的联合中并通过这种联合获得自己的自由”。由此城乡、脑体之间的对立将消灭，阶级差别将消失，国家失去存在的必要，劳动将成为自由人的真正自主的活动，每个人的才能和天赋将会得到充分、全面发展。与此同时，他们又强调对共产主义的预测要建立在历史唯物主义原则的基础之上，指出共产主义“不是应当确立的状况，不是现实应当与之相适应的理想”，而是基于现有前提的“消灭现存状况的现实的运动”。

第六，批判费尔巴哈、施蒂纳、“真正的社会主义”者的唯心主义历史观。马克思和恩格斯在第1卷中指出，从施特劳斯到施蒂纳的整个德国哲学批判都局限于宗教批判，而从观念出发解释实践是唯心主义历史观的根本局限性。他们既肯定了费尔巴哈对唯物主义的贡献，又批判了他的唯心史观，指出在费尔巴哈那里，“唯物主义和历史是彼此完全脱离的”。他们进一步揭露了费尔巴哈陷入唯心史观的根源在于他只是从客体的或者直观的方面去理解事物，而不懂得从人的实践活动和主体方面去理解。马克思和恩格斯对青年黑格尔派的主要代表鲍威尔的主观唯心主义做了进一步清算，并且批判了另一个青年黑格尔分子施蒂纳一切从“唯一者”的“我”出发的极端利己主义和无政府主义，揭露了他完全抛开历史时代、民族、阶级等等的历史发展，同现实历史毫无共同之处，因而不过是观念演化的结果。马克思和恩格斯在第2卷中集中批判了当时流行于德国的“真正的社会主义”思潮，揭露了它的代表人物妄图用超阶级的爱、抽象的人性和改良主义思想来调和阶级矛盾、取消政治活动和争取民主斗争的荒唐可笑。

纵观马克思哲学思想的发展，大致经历了这样几次同旧哲学的决裂：第一次是同黑格尔思辨唯心主义的决裂，以《黑格尔法哲学批判》为标志（1843）；第二次是同鲍威尔一伙为代表的青年黑格尔派的自我意识哲学的决裂，以《神圣家族》为标志（1844）；第三次是同整个“德国哲学思想体系”的决裂，重点是与费尔巴哈的决裂，以《关于费尔巴哈的提纲》和《德意志意识形态》为标志（1845—1846）。第三次决裂实际上也是同一切旧哲学决裂，而这种决裂正是在《关于费尔巴哈的提纲》和《德意志意识形态》中完成的。

二是确立了科学的实践观。马克思主义哲学作为一种“新唯物主义”或新哲学，新就新在科学实践观的创立。从前的一切旧哲学，包括唯心主义和旧唯物主义的主要缺点，都是离开实践的观点去观察、思考问题。旧唯物主义（包括费尔巴哈的唯物主义）对对象、现实，只是从客体的或者直观的形式去理解，而不是从人的活动、从实践去理解；而唯心主义则相反，只是从人的主观能动方面去理解，根本不知道现实的、感性的活动本身。二者均失误在缺乏实践的观点。而马克思主义哲学恰好是确立了科学的实践观,实现了哲学上一场革命变革。所以,实践观是马克思主义哲学的核心观点，是马克思主义哲学区别于一切旧哲学的根本观点。而实践的观点正是《德意志意识形态》中确立和形成的。

（八）《哲学的贫困》

《哲学的贫困》是马克思创作的一部政治著作，首次出版于 1847 年 4 月。

1846 年 5 月，马克思和恩格斯致信蒲鲁东，邀请他参加国际社会主义通讯组织。当月，蒲鲁东给马克思写了一封长信，信中说，他正在写作一部包括两大卷的新著——《贫困的哲学》，已接近完成他经手建造的“经济矛盾的体系”。蒲鲁东用挑战式的口吻说：“我等待着您的严格的批判。”马克思得知《贫困的哲学》的内容后，就决定接受蒲鲁东的挑战。经过一段时间的酝酿，马克思开始准备写作《哲学的贫困》一书来批判蒲鲁东的《贫困的哲学》。恩格斯得知后，便把自己对蒲鲁东这一著作所写的评论，以及对该书的十分详尽的摘要一并寄给马克思，供他写作时参考。当马克思得到《贫困的哲学》一书后,迅速地浏览了一遍,随即给共产主义通讯委员会驻巴黎的通讯员、俄国作家安年柯夫写了一封长信，在信中评述了蒲鲁东《贫困的哲学》中的错误观点，并表明了许多极端重要的思想，这些思想后来成为马克思写作《哲学的贫困》一书的基础。1847 年 4 月初，马克思的这部著作已基本完成并开始付印。6 月 15 日，马克思为该书写了一篇简短的序言，7 月初在布鲁塞尔和巴黎出版。

《哲学的贫困》共二章，第一章主要批判蒲鲁东的庸俗价值论，即空想的“构成价值”论。通过批判蒲鲁东的经济思想，马克思探索了资本主义的经济规律，提出了剩余价值学说的萌芽思想，科学地阐明资本主义经济关系的对抗性和历史的暂时性，从而奠定了马克思主义政治经济学的基础。第二章批判蒲鲁东在阐述政治经济学时所表现出来的唯心主义和形而上学。在方法论方面，马克思揭露了蒲鲁东神秘的庸俗的关于矛盾的思想，阐述了辩证法的客观性和主要特征，说明了事物的矛盾双方互相排斥和互相制约的关系，明确提出两个相互矛盾方面的共存、斗争以及融合成一个新范畴，就是辩证运动的实质。在历史观方面，马克思揭露了蒲鲁东的范畴决定论和天才历史观，论证了生产力在历史发展中的决定作用，并指出“最强大的一种生产力是革命阶级本身”；第一次提出“生产关系”的科学概念和“社会机体”的科学思想，阐述了社会发展的客观规律。他指出：“随着新生产力的获得，人们改变自己的生产方式，随着生产方式即保证自己生活的方式的改变，人们也就会改变自己的一切社会关系。手推磨产生的是封建主为首的社会，蒸汽磨产生的是工业资本家为首的社会。”马克思还结合唯物史观的论述，批判了蒲鲁东的阶级调和思想和社会改良主义，阐述了阶级斗争的历史作用和无产阶级的历史使命，论证了无产阶级革命的必然性以及经济斗争和政治斗争的关系，明确指出：“只有在没有阶级和阶级对抗的情况下，社会进化将不再是政治革命。而在这以前，在每一次社会全盘改造的前夜，社会科学的结论总是：‘不是战斗，就是死亡，不是血战，就是毁灭。问题的提法必然如此。’”

这部著作是比较成熟的马克思主义的最初著作之一。它全面阐述了马克思主义哲学、政治经济学和科学社会主义的基本观点，正如马克思自己所说的："我们见解中有决定意义的论点，在我的1847年出版的为反对蒲鲁东而写的著作《哲学的贫困》中第一次作了科学的、虽然只是论战性的概述。"

（九）《雇佣劳动与资本》

《雇佣劳动与资本》是马克思根据1847年12月下半月在布鲁塞尔德意志工人协会的几次演讲写成的一部政治经济学论著。由于其受众是当时受教育程度并不高的工人阶级，全文的语言通俗易懂。

从1847年下旬开始，马克思以"雇佣劳动与资本"为标题，用社论的形式陆续发表在《新莱茵报》上。主要观点包括：生产活动是人类基本的实践活动，人们之间的社会生产关系，随着生产力的发展而发展；生产关系总合起来，就构成一个处于一定历史发展阶段的、具有独有的特征的社会；奴隶社会、封建社会、资本主义社会，都是这样的生产关系的总和，都是人类历史发展中的一个特殊的社会；劳动力成为商品，是资本主义特有的现象；资本家为了追求利润，日益扩大生产规模，增加产品总量，世界市场却日益狭窄，可供榨取的新市场日益减少。危机到来时，资本家解雇工人，降低工资，使大批工人死亡。

在第一个部分中，马克思提出，劳动力是由其所有者即雇佣工人出卖给资本、以获得自己所必需的生活资料的一种商品，这种商品的价格便是工资。马克思认为，劳动确实创造了价值，但资本家又存在利润，因此其支付给工人的工资必然低于劳动创造的价值。在等价交换的条件下，资本家实际上将工资与工人的“劳动力”即工人创造价值的一种“能力”做交换，购买工人“创造价值的能力”，由于劳动力具有生产出大于自身价值的特殊性质，其生产出的价值以货币计将高于劳动力自身，使价值规律与利润规律并行不悖。

商品的价格是由什么决定的？在第二个部分中，马克思指出，商品的价格由生产费用，即生产商品所必需的劳动时间决定。对于劳动力，马克思将劳动力的生产费用定义为“为了使工人保持其为工人并把他训练成为工人所需要的费用”，从代际角度来说即“维持工人生存和延续工人后代的费用”，这种费用的价格即工资，以这样底线的标准决定的工资即最低工资。马克思认为，稳定均衡不过是一种臆想，现实经济、竞争是在价格的波动中发展的，在不断的波动进程中价格才由生产费用所决定，现实的经济不是静态模型，波动或者说运动才是常态。由此不难窥见其哲学思想的体现。

什么是资本？第三个部分则论述了资本的产生以及工资与资本乃至资本家与工人之间的关系。资本不是凭空出现的，也不是凡储蓄就是资本，只“由于积累起来的、过去的、对象化的劳动支配直接的、活的劳动，积累起来的劳动”，才是资本，其实质在于“活劳动是替积累起来的劳动充当保存并增加其交换价值的手段”。同第一部分所述，资本只有同劳动力交换，引起雇佣劳动的产生才能增加。

工人将仅有的足够维持其生活及劳动力的再生产的、从资本家手中换得的生活资料尽数花光（在最低工资的支配下，即便单个工人有储蓄，对全社会的工人而言，其总生活资料仅恰好满足总消费），随后向资本家出卖其劳动力，被进一步剥削，雇佣劳动又变成资本的一部分，资产阶级在循环中实现对工人阶级的统治力量的增加。

工资与生产资本。第四个部分谈到工资的变动的决定因素及其与资本的变动的关系。马克思在此处使用了两组概念，一是“名义工资”与“实际工资”，二是“相对工资”。在第一组概念中，马克思和其他经济学家一样，正确区分了名义购买力与实际购买力，考察了货币供给、技术进步等造成的实际购买力与名义购买力的割裂，指出实际的工资应以其购买力为衡量。马克思的独创在于将资本和工资联系起来，创造了“相对工资”的概念。相对工资所表示的则是同积累起来的劳动的价格相比的直接劳动价格，是雇佣劳动和资本的相对价值，是资本家和工人的相互价值。由于商品价格由生产资料、工资与剩余价值三部分构成，纵然工人可能因为生活资料的跌价高于工资跌价，从而实际工资增加，但其中资本家的利润相对于工人的工资而言上升了，社会财富在资本与劳动间的分配更不平均了。在工资与利润在价格构成中此消彼长的绝对条件下，资本的利益和雇佣劳动的利益越发显现其截然对立的本质。

雇佣劳动与资本。马克思最后在第五个部分讨论了生产资本与工资的关系。在竞争市场的条件下，资本家通过采用内部细化分工与机器生产的方式，在压低价格、扩大产量等方面试图战胜其对手，但其他资本家以同样的竞争方式予以回击。马克思归纳了资本主义运行的终点：工资在资本的积累与资本家间的竞争中回落到维持生活的水准，缩减了剩余价值的基础，利润率不可避免地下降，每一次危机都加剧了资本的集中和积聚以及工人的贫困，这一制度无法通过经济政策或者其他改良手段来改善其自身弊端，资本主义不可避免地走向灭亡。

（十）《共产党宣言》

1847 年 11 月，共产主义者同盟第二次代表大会委托马克思和恩格斯起草一个周详的理论和实践的党纲。马克思、恩格斯取得一致认识，并研究宣言的整个内容和结构，由马克思执笔写成，这就是《共产党宣言》。

《宣言》全文贯穿马克思主义的历史观，是马克思主义诞生的重要标志，第一次全面系统阐述科学社会主义理论，指出共产主义运动将成为不可抗拒的历史潮流。

1848 年 2 月 21 日在伦敦第一次以单行本问世。1872 年—1893 年，马克思和恩格斯先后为《宣言》的德文、俄文、英文、波兰文、意大利文版撰写七篇序言。分别是：1872 年的德文版序言、1882 年的俄文版序言、1883 年的德文版序言、1888 年的英文版序言、1890 年的德文版序言、1892 年的波兰文版序言和 1893 年的意大利文版序言。其中，前两篇是马克思、恩格斯合写的，后五篇是恩格斯单独写的。这些序言涉及《宣言》的形成、性质、基本思想，无产阶级斗争的新鲜经验，对原有内容的补充或修正等。马克思、恩格斯认为“《宣言》是一个历史文件，我们已没有权利加以修改”。马克思、恩格斯这种对历史负责任的严谨态度值得我们学习，同时也提示我们，学习“序言”对于我们全面、深入、科学地理解《宣言》具有十分重要的意义。

引言部分共有6个自然段，介绍了写作《宣言》的原因、目的和任务。《宣言》的正文包括四个部分。第一部分：资产者和无产者。这部分的关键词是“阶级”。在这部分中，马克思、恩格斯运用唯物史观理论和阶级斗争学说，分析和阐述了资本主义社会两大基本阶级产生、发展和斗争的过程，进而揭示了资产阶级必然灭亡和无产阶级必然胜利的历史规律。

第二部分：无产者和共产党人。这部分的关键词是“政党”。在这部分中，马克思、恩格斯主要阐明无产阶级政党的性质、特点、指导思想和基本纲领，并对当时恶毒攻击共产党人的谬论进行了无情的批判，阐明了共产党的一些基本观点和革命道路。

第三部分，社会主义的和共产主义的文献。这部分的关键词是“主义”。在这部分中，马克思、恩格斯主要分析和批判了各种假社会主义和空想社会主义。

第四部分，共产党人对各种反对党派的态度。这部分的关键词是“策略”。在这部分中，马克思、恩格斯主要阐述了共产党的策略原则。

（十一）《1848 年至 1850 年的法兰西阶级斗争》

这是马克思论述 1848 年法国革命的著作，写于 1850 年 1—11 月，以《从 1848 到 1849 年》为总题目连载于《新莱茵报 · 政治经济评论》。1895 年恩格斯将这组文章编成单行本在柏林出版，并将总标题改为《1848 年至 1850 年的法兰西阶级斗争》。

在这部著作中，马克思运用唯物史观分析了法国 1848 年二月革命和六月起义等重大事件，剖析了法国的阶级结构以及各阶级的经济状况和政治态度，阐明了无产阶级革命斗争的理论和策略，并第一次使用了“无产阶级专政”概念。他论述了六月起义的伟大意义和经验教训，指出：“这是分裂现代社会的两个阶级之间的第一次大规模的战斗。这是保存还是消灭资产阶级制度的斗争。”六月起义的失败使无产阶级认识了一条真理："它要在资产阶级共和国范围内稍微改善一下自己的处境只是一种空想。"无产阶级提出的革命战斗口号是："推翻资产阶级！工人阶级专政！"马克思以此划清了革命的社会主义与各种空论的社会主义的界限，指出革命的社会主义"就是宣布不断革命，就是无产阶级的阶级专政，这种专政是达到消灭一切阶级差别，达到消灭这些差别所由产生的一切生产关系，达到消灭和这些生产关系相适应的一切社会关系，达到改变由这些社会关系产生出来的一切观念的必然的过渡阶段"。针对空论的社会主义关于"劳动权"的幻想，马克思揭示了劳动权的科学内涵，指出："其实劳动权就是支配资本的权力，支配资本的权力就是占有生产资料，使生产资料受联合起来的工人阶级支配，也就是消灭雇佣劳动、资本及其相互间的关系。"恩格斯认为，这是"第一次提出了世界各国工人政党都一致用以扼要表述自己的经济改造要求的公式，即：生产资料归社会所有"。马克思还提出了"革命是历史的火车头"这个著名论点，并阐述了工农联盟的思想。在这部著作中，马克思还分析了1848年革命后英法等国出现的工商业繁荣，指出："在这种普遍繁荣的情况下，即在资产阶级社会的生产力正以在整个资产阶级关系范围内所能达到的速度蓬勃发展的时候，也就谈不到什么真正的革命。只有在现代生产力和资产阶级生产方式这两个要素互相矛盾的时候，这种革命才有可能。"

这部著作是由马克思为《新莱茵报·政治经济评论》杂志撰写的一组文章组成的，写于1849年底—1850年3月底和1850年10月—11月1日。马克思原计划写四篇文章：《1848年的六月失败》《1849年6月13日》《6月13日在大陆上产生的后果》和《英国的现状》。但是在该杂志第1、2、3期上只发表了三篇文章，题目为：《1848年的六月失败》《1849 年 6 月 13 日》《1849 年六月十三日事件的后果》。这三篇文章发表时用的总标题为：《从 1848 到 1849 年》。关于 1849 年六月事件对大陆的影响以及英国的状况，马克思和恩格斯在该杂志的其他文章中，尤其是在他们合写的时评中作了阐述。

1895 年，恩格斯将这组文章编成单行本在柏林出版，并将总标题改为《1848 年至 1850 年的法兰西阶级斗争》。恩格斯为这个单行本写了导言，题为《卡尔·马克思〈1848 年至 1850 年的法兰西阶级斗争〉一书导言》。在导言中，恩格斯阐述了马克思这部著作的理论价值和实践意义，同时根据资本主义新变化和工人运动新经验，深刻论述并进一步发展了无产阶级革命斗争的策略思想。在编校过程中，恩格斯增添了第四章，即《新莱茵报·政治经济评论》第 5—6 期合刊发表的《时评·1850 年 5—10 月》中有关法国事件的部分。恩格斯还给这一章加了标题：《1850 年普选权的废除》。他在 1895 年 2 月 13 日给理·费舍的信中说，这样“就真正使得这部著作完整了，否则小册子将显得残缺不全”。在单行本中，前三章的标题改为：《从 1848 年 2 月到 1848 年 6 月》《从 1848 年 6 月到 1849 年 6 月 13 日》《从 1849 年 6 月 13 日到 1850 年 3 月 10 日》。在本卷中，前三章仍沿用《新莱茵报·政治经济评论》发表时的标题，第四章则采用了 1895 年版的标题。

（十二）《路易·波拿巴的雾月十八日》

马克思总结法国 1848 年革命经验、评述路易·波拿巴政变的重要著作。写于 1851 年 12 月至 1852 年 3 月 25 日期间，1852 年作为不定期杂志《革命》的第 1 期（也是唯一的一期）在纽约出版。中译文收入《马克思恩格斯全集》第一版第8卷、《马克思恩格斯文集》第2卷。

1848年二月革命后，法国政局风云变幻，社会主义者和小资产阶级民主派（山岳党）等有着明确利益背景的各种政治力量围绕各自的阶级利益而展开了错综复杂的斗争，其间的斗争、背叛、联合、妥协、屈服等一幕幕接踵而来。1851年12月2日，拿破仑的侄子路易·波拿巴发动政变并掌握全部权力，1852年12月2日，他废除了共和国的形式，正式称帝。这一政变犹如晴天霹雳，人民在惊异之余议论纷纷，莫衷一是，“没有一个人能理解”这件事情。在这种情况下，马克思应约·魏德迈的《革命》期刊约稿而写下这篇著作。

《路易·波拿巴的雾月十八日》全文共分为七个部分，第一部分是综述，第二部分至第六部分是描述路易·波拿巴和各种政治力量围绕各自利益而展开的明争暗斗并最终获胜的过程，第七部分是对全文的总结。其主要内容有：第一，剖析了法国1848年的二月革命的性质、特征和失败的根源。社会经济状况的恶化和基于经济利益阶级冲突与斗争的加剧是二月革命爆发的原因。二月革命推翻了代表着大金融资本家利益的七月王朝，建立了代表工商业资产阶级利益的第二共和国，为资本主义的进一步发展扫清了障碍。因此，这次革命的性质是资产阶级革命。但当时法国社会内部错综复杂的阶级斗争、阶级力量的对比状况和无产阶级的不成熟，从一开始就决定了它不像1789年大革命那样沿着上升线发展，而是“开起倒车来了”。第二，揭露了资产阶级惧怕群众的阶级局限性和虚伪性。在反对封建专制主义的资产阶级革命中，资产阶级需要获得工农群众的支持而害怕群众愚昧；然而，资产阶级和工农群众没有共同的根本性的利益。因此，当革命斗争唤醒工农群众独立的革命和权利意识后，资产阶级就转而采取血腥的剥夺和镇压手段来对付他们。第三，阐述了马克思主义的国家学说和无产阶级专政理论，提出了无产阶级必须打碎资产阶级国家机器这一“马克思主义国家学说中主要的基本的东西”。通过对近代以来法国中央集权的国家机器发展历程的分析，指出历次资产阶级革命都没有动摇在专制君主时代形成的军事官僚机器，反而把军事官僚机器当作主要的战利品。“一切变革都是使这个机器更加完备，而不是把它摧毁。”而这种军事国家官僚机器正是政变得以发生的重要条件。所以，未来的无产阶级革命必须“集中自己的全部破坏力量”来砸碎旧的国家机器，必须彻底“推翻资产阶级！”和实现“工人阶级专政！”。第四，考察了农民阶级的两重性。认为作为被压迫和剥削对象的农民同作为剥削者和压迫者的资产阶级存在着根本的利益冲突与对抗，因此，反抗剥削与压迫是农民天然的革命本性。但作为小私有者的法国农民持有的根深蒂固的“拿破仑”观念，又决定了他们具有一种与生俱来的保守性。第五，论证了无产阶级必须与农民结成联盟和成为联盟领导者的重要性。指出农民必须成为无产阶级的天然同盟军，无产阶级革命才能“得到一种合唱，若没有这种合唱，它在一切农民国度中的独唱是不免要变成孤鸿哀鸣的”。同时，作为最彻底的革命者和社会化大生产产物的无产阶级必须成为工农联盟的领导者。

《路易·波拿巴的雾月十八日》是马克思主义发展史上最具影响的著作之一。在这一“天才的著作”中，马克思运用历史唯物主义的分析方法，揭示了历史运动的规律，阐明了马克思主义国家观和必须打碎旧的国家机器的思想，论述了工农联盟的思想，使其成为马克思主义文献中运用历史唯物主义说明和考察历史事件的光辉典范。它是科学共产主义最卓越的著作之一。

（十三）《政治经济学批判》

《政治经济学批判》是马克思公开发表的第一部政治经济学著作。写成于1857—1858年。全书由三部分组成，即《序言》、《商品》章、《货币或简单流通》章。

19世纪50年代后期，马克思认为伴随着1857年爆发的经济危机必然会出现革命的新高潮。他立即着手总结自己15年来经济研究的成果，以便从思想上武装战斗的工人阶级。按照马克思的计划，他以《政治经济学批判》命名的巨著共六分册：①资本；②土地所有制；③雇佣劳动；④国家；⑤对外贸易；⑥世界市场。本书是这部巨著的第一分册的前两章。后来马克思改变了写作这部巨著的原定计划，而着手写作《资本论》。他把本书的内容加以概括，写进了《资本论》第一卷第一篇中，并把本书称为《资本论》的“初篇”。

《序言》：马克思在序言中简单地介绍了他研究政治经济学的动因及经过，介绍了他从19世纪40年代起研究政治经济学所得出的主要结论。对历史唯物主义的基本内容作了精辟的概括，阐明了生产力和生产关系、经济基础与上层建筑之间的关系，从而揭示了人类社会发展的最基本的规律。马克思在序言中得出的革命结论，对指导国际无产阶级和各国共产党人进行理论研究和科学实践具有重大意义。《序言》具有巨大的独立的科学价值。

《商品》：马克思从分析商品出发，考察了资本主义经济制度。从分析商品开始而不是从分析价值开始，这是马克思的价值理论和古典经济学家的价值理论的重大区别之一。马克思揭示了商品具有二因素，即使用价值和交换价值，商品是这二者的统一。商品具有二因素是由于生产商品的劳动具有二重性引起的，劳动二重性学说是理解政治经济学的枢纽，也是使马克思的劳动价值论同古典经济学家的劳动价值论区别开来的一个重要标志。马克思由劳动二重性，进而考察了形成价值的劳动所特有的社会性质。D. 李嘉图由于不理解这种性质，致使他看不到货币的本质与价值决定于劳动时间的规定之间的联系，得出了错误的货币数量论。

《货币或简单流通》：马克思在第二章中考察交换过程时，揭示了由于商品的内在矛盾而必然产生货币，阐明了货币作为一般等价物的本质。马克思还详细地考察了货币的各个职能，并指出货币的职能是历史发展的产物。因此，马克思在《政治经济学批判》一书中实现了在价值理论和货币理论上的革命变革。

马克思在制定他的经济学说时，一直重视把对经济范畴的探讨与对资产阶级经济理论的批判结合起来。因此，马克思在这本书的第一章和第二章的末尾都附有关于这些问题的理论的历史考察，包括《关于商品分析的历史》《关于货币计量单位的学说》和《关于流通手段和货币的学说》。这些论述为创立马克思主义的经济学说史奠定了基础。

本书的出版为马克思彻底完成政治经济学领域中的革命变革奠定了理论基础，同时也从根本上抨击了当时在罗曼语国家流行的蒲鲁东主义。

（十四）《福格特先生》

《福格特先生》出版于 1860 年。马克思写作的直接原因是回击 1859 年 12 月出版的卡尔·福格特的诽谤性小册子《我对“总汇报”的诉讼》。

福格特 1833 年毕业于伯尔尼大学，自称为“生理学人本主义”者，以纯粹生理学观点解释思维活动、精神现象以及社会生活。福格特在其小册子里歪曲事实，大肆造谣，对马克思及其战友们在共产主义者同盟中的活动肆意诽谤。同时，德国的资产阶级报刊和工人运动的敌人也利用此来诋毁共产主义政党和无产阶级革命家，其言论具有极大的欺骗性和危险性。

在《福格特先生》这一著作中，马克思针对福格特的歪曲捏造，叙述了国际共产主义运动的早期历史和共产主义者同盟的真实情况，并用大量确凿的证据对卡尔·福格特真实、丑恶的嘴脸进行了全面的揭露，揭露他充当波拿巴代理人的反动面目，同时全面地揭露了法国的波拿巴主义，无情地揭穿波拿巴集团玩弄“民族原则”的骗人把戏，剥去了它冒充“民族的保卫者”的伪装。

《福格特先生》宣传了马克思主义的基本观点，是科学社会主义和国际共产主义运动的重要文献。在马克思著作中是很有特色的一部著作。恩格斯在读了这篇长文以后，多次称赞这本书写得好，他高度肯定了此书“结构的艺术性”，并认为这确实是马克思迄今为止所写的最好的论战性著作。

（十五）《1861-1863 年经济学手稿》

1859 年，马克思出版了《政治经济学批判（第一分册）》，之后他打算继续写作第二分册《资本一般》，并定了《资本章计划草稿》，将其分为四大部分：Ⅰ. 资本的生产过程；Ⅱ. 资本的流通过程；Ⅲ. 资本和利润；Ⅳ. 其他。马克思把自己以前的手稿内容分别列入这四大部分各项之中，形成了一个结构上的大轮廓。手稿写作大体包括三个阶段：第一个阶段是1861年8月—1862年春，所写内容相当于《资本论》第1卷前半部分（到“机器”为止）和《资本论》第3卷前三篇，即剩余价值转化为利润，利润转化为平均利润，利润率趋向下降的规律。第二个阶段是1862年春—12月，所写内容包括《剩余价值理论》以及《资本论》第3卷后半部分的内容，如商业资本和货币资本、地租等，此外还有《资本论》第2卷的一些理论片段。1862年12月底，马克思在研究中产生了新的想法，准备先把“资本一般”这一部分写成一部独立著作出版，书名为《资本论》，《政治经济学批判》作为副标题。第三个阶段是1863年1—7月，研究内容涉及《资本论》第1卷后半部分以及关于再生产问题的手稿。这样，到1863年7月，马克思完成了手稿的写作，并给手稿加上“政治经济学批判·第三章·资本一般”的标题。

《1861—1863年经济学手稿》篇幅巨大，共计23个笔记本，包括四个部分：（1）第三章·资本一般，其中在第一部分“资本的生产过程”中，马克思考察了三个问题：货币转化为资本；绝对剩余价值；相对剩余价值。（2）资本和利润，这是第一部分手稿中断后，马克思转而写作计划草稿的第三篇的内容。（3）剩余价值理论，这部分草稿篇幅十分庞大。（4）其他内容。

在手稿的第一部分，马克思从商品货币关系出发阐明资本的概念，揭示了劳动力商品所具有的能够创造剩余价值的特点。他认为，劳动力的价值规定对于认识资本关系是最重要的。手稿第一次系统地研究和论述了绝对剩余价值生产和相对剩余价值生产，第一次详细分析了资本主义生产范围内提高劳动生产力的三种主要形式：协作、分工和机器或科学的力量的应用，第一次详细地考察了劳动对资本的从属的形式和实质。手稿首次表述了相对剩余价值规律，科学地论证了生产力发展的结果使资产阶级和无产阶级之间的矛盾尖锐化了。在《资本和利润》一章中，马克思研究了价值和剩余价值的具体表现形式，进一步阐述了关于利润率下降的原因，以及一般利润率下降趋势规律起作用的方式的观点。在《剩余价值理论》中，马克思通过对资产阶级经济学的分析批判，进行了新的理论研究，进一步论述了一系列重要问题：平均利润和生产价格，市场价值，利息，地租，特别是绝对地租，社会总资本的再生产，资本积累，经济危机问题，以及生产劳动和非生产劳动等。研究取得了一系列重要成果，如利润理论、利润率趋向下降规律理论、商业资本和生息资本理论、地租理论、三位一体公式、资本的循环和周转理论、再生产理论以及工资等理论。《剩余价值理论》开头部分的内容是关于资产阶级政治经济学向上发展直至其顶峰的时期，重点是工场手工业时期最重要的经济学家亚当·斯密的理论，主要涉及的是资本和劳动在价值规律的基础上相互交换所发生的各方面的关系；中间部分的内容是关于资产阶级古典经济学的完成者李嘉图的理论，主要涉及的是价值理论和广义的剩余价值理论的完成，论述的是剩余价值在资本主义社会表面上表现出来的各种特殊形式；在结尾部分，手稿分析的是资产阶级政治经济学作为一门科学的衰落过程及其向庸俗经济学的必然转化。

《1861—1863年经济学手稿》在《资本论》创作史上和马克思主义发展史上具有里程碑式的意义，它对马克思主义政治经济学的一些基本原理做出了更加深刻而全面的阐发，在理论史方面对资产阶级政治经济学做了系统批判，并提出了许多科学的创见，集中反映了马克思崭新的理论发现和研究成果。正如马克思在给恩格斯的信中所说：“我认为这个分册具有决定性的重要意义。实际上，这是全部资产阶级污垢的核心。”

（十六）《资本论》

《资本论》是一部马克思主义政治经济学的光辉巨著。全书共三卷，以剩余价值为中心，对资本主义进行了彻底的批判。出版时间分别为：第一卷，1867年；第二卷，1885年；第三卷，1894年。

随着资本主义生产方式在欧洲社会的迅猛发展，资本主义社会形态下的固有矛盾愈发明显地暴露出来。马克思为了给无产阶级提供强大的理论武器，着手研究政治经济学。据不完全统计，马克思在写作《资本论》的过程中，阅读了2000多册有关的经济学著作，收集了4000多种报刊，研究了大量的英国官方会议的有关文件和蓝皮书。他写的各种摘录、手稿、提纲、札记等达100多本。

《资本论》全称《资本论·政治经济学批判》。1867年9月，《资本论》第1卷由汉堡迈斯纳出版社出版，第2、3卷是在马克思逝世后由恩格斯整理出版。1930年3月，上海昆仑书店出版马克思的主要经典著作《资本论》的第1卷第一分册，由陈启修根据德文版参照日文版翻译。其后历经曲折，新中国成立后才由生活·读书·新知三联书店完成三大卷的出版。现中译版收入《马克思恩格斯全集》第一版第23—25卷、第二版第44—46卷，《马克思恩格斯文集》第5—7卷。

《资本论》的诞生有其深刻的历史背景。19世纪中叶欧洲资本主义经济的发展为马克思创作《资本论》提供了客观条件。当时，资本主义社会固有的基本矛盾日益暴露，无产阶级反对资产阶级的斗争日益尖锐和复杂化。尤其是欧洲三大工人运动的失败，更加表明无产阶级运动需要有科学的理论来指导，这促使马克思、恩格斯责无旁贷地担负起创立工人阶级政治经济学的历史使命。从 1843 年起，马克思开始系统收集研究政治经济学的资料。1849 年由于法国政府的驱逐，马克思从法国巴黎来到英国伦敦。在伦敦大英博物馆，他广泛阅读相关文献资料，做了大量的摘录和笔记，其中仅仅是通篇精读的理论著作就达 1500 本以上。在对已有研究资料进行广泛、深入研究的基础上，他着手《资本论》的写作。在这部著作中，马克思运用辩证唯物主义和历史唯物主义的世界观和方法论，揭示了资本主义社会的经济运动规律，论证了资本主义生产方式产生、发展和灭亡的历史规律。尤其重要的是，马克思从分析资本主义基本矛盾入手，论证了资本主义必然灭亡、共产主义必然胜利的历史必然性，从而奠定了科学社会主义的坚实理论基础，颠覆了资产阶级经济学，创立了马克思主义政治经济学，实现了政治经济学领域的伟大变革。从研究内容上看，《资本论》虽然主要研究的是政治经济学，但还包含着大量马克思主义哲学和科学社会主义的相关论述，甚至还涉及有关政治、历史、教育、文学艺术、法律、道德、宗教、科学技术等方面的理论观点，堪称百科全书式的马克思主义理论文献。在《资本论》第 1 卷的《第一版序言》和《第二版跋》中，马克思论述了《资本论》的研究对象和方法。《资本论》的研究对象是资本主义生产关系。这种生产关系是广义的概念，它既包括生产、交换、分配和消费等各方面的关系，也包括生产过程中人与人之间的生产关系。至于研究方法，贯穿《资本论》全书的方法是唯物辩证法。马克思在建立全书理论体系时，使用的是从抽象上升到具体的逻辑方法。《资本论》这部巨著分为4卷。第1卷为《资本的生产过程》，主要内容为资本的生产过程。在这一卷中，马克思从分析资本主义的经济细胞——商品入手，首先揭示了商品的二重性和货币的基本原理，论述了剩余价值的直接生产过程和资本的积累过程，考察了资本的原始积累，揭示了资本关系必然灭亡的历史趋势。第2卷《资本的流通过程》主要研究资本的流通过程和剩余价值的实现。马克思指出，在资本的运动过程中，资本的生产过程和资本的流通过程是统一的，资本的生产过程必须由资本的流通过程来补充。一般说来，第2卷起到了承上启下的作用，它既是第1卷理论逻辑的继续，也是第3卷内容的引言。第3卷《资本主义生产的总过程》是《资本论》理论部分的总结卷，主要揭示和阐明了资本主义生产总过程中的各种具体形式。在这里，资本由前两卷分析中呈现的一般形式，转化为产业资本、商业资本和借贷资本，价值转化为生产价格，剩余价值转化为利润、平均利润，并进一步转化为产业利润、商业利润、利息和地租。

《资本论》是马克思主义百科全书式的著作，是马克思研究资本主义社会经济形态的巅峰之作。著作中，马克思以唯物史观的基本思想为指导，通过深刻分析资本主义生产方式，再现了资本主义的全部发展过程，并在此基础上揭示了资本主义社会发展的规律，使唯物史观得到了科学验证和进一步的丰富发展。恩格斯曾评价道："自从世界上有资本家和工人以来，没有一本书像我们面前这本书那样，对于工人具有如此重要的意义。资本和劳动的关系，是我们全部现代社会体系所围绕旋转的轴心，这种关系在这里第一次得到了科学的说明，而这种说明之透彻和精辟，只有一个德国人才能做得到。欧文、圣西门、傅立叶的著作现在和将来都是有价值的，可是只有一个德国人才能攀登最高点，把现代社会关系的全部领域看得明白而且一览无余。”

（十七）《法兰西内战》

《法兰西内战》是马克思创作的一部科学社会主义著作和法学著作，首次出版于1871年6月13日。

19世纪六七十年代普法战争中，法国战败。法国国内工人力量迅速壮大，要求武装工人抵抗普鲁士。在武装的工人阶级和人民面前，法国政府十分恐惧，匆忙与普鲁士签订《临时和约》，并转向镇压工人武装，3月18日法兰西内战正式开始。3月28日举行普选，产生了巴黎公社委员会。5月21日，法国政府当局在俾斯麦放回的10万俘虏军的增援之下，攻入巴黎，于28日占领全市，进行血腥的大屠杀，对革命人民加以报复。至此，仅仅存在了72天的巴黎公社被摧毁。

从巴黎公社宣布成立那天起，马克思便开始搜集和研究巴黎公社活动的消息，其中有法、英、德各国报刊资料，巴黎来人和来信中提供的情况等等。1871年4月18日，在第一国际的总委员会会议上，马克思提议就法国“斗争的总趋向”发表一篇告全体会员的宣言。总委员会批准了这一建议，并当即委托马克思进行草拟。马克思于4月下旬开始写作，初稿完成后，又经过反复修改，连续写了三稿。巴黎公社失败两天之后（5月30日），马克思向总委员会的委员们宣读了这篇宣言，题目为“法兰西内战国际工人协会总委员会宣言致协会欧洲和美国全体会员”，并于6月13日以“法兰西内战”为标题在伦敦出版英文版。

《法兰西内战》共分为三部分：恩格斯写的导言、国际工人协会总委员会关于普法战争的两篇宣言和正文。

导言对马克思写的关于普法战争的两篇宣言和《法兰西内战》正文作了总的介绍和高度评价，总结了法国五十年来阶级斗争的基本经验，指出了无产阶级掌握武装的极端重要性。同时，对《法兰西内战》正文进行了一些补充和发挥，包括：无产阶级要取得革命胜利，必须有马克思主义政党的领导；无产阶级要认清国家的实质，必须铲除旧的国家机器，建立无产阶级专政。此外，还列举和总结了巴黎公社关于无产阶级政权建设的重要措施。

国际工人协会总委员会关于普法战争的两篇宣言中，第一篇宣言指明无产阶级应该坚决反对掠夺性的战争，必须以革命手段加以制止，揭露法国统治阶级发动战争的罪恶目的，为法国工人阶级制定了对待战争的方针和策略，戳穿了普鲁士统治者参加战争的险恶用心，为德国工人阶级制定了正确对待战争的方针和策略，说明只有在全世界消灭剥削制度以后才能根绝一切战争，实现人类的持久和平；第二篇宣言指出了普法战争的性质发生了变化，揭露了普鲁士政府的掠夺计划和德国资产阶级所谓爱国主义实质，指明德国工人阶级对待战争应采取的方针和策略，戳穿了法国“国防政府”的反动本质，指明了法国工人阶级斗争的方针和策略原则，号召全世界工人阶级团结起来，发扬无产阶级国际主义精神，反对侵略战争。

正文四章中，第一章是全书的主线，中心思想是叙述普法战争所引起的法国政局的变化，揭露法国资产阶级政府的投降卖国、挑动内战的政策。第二章的中心思想是记述梯也尔政府发动内战和三月十八日巴黎工人阶级武装起义的经过，分析和总结了巴黎工人阶级用革命武装反对反革命武装的经验教训。第三章是全书的重点，中心思想是马克思根据巴黎公社的实践经验，论述了无产阶级革命必须用暴力打碎资产阶级的国家机器，建立巴黎公社式的政权，以实现无产阶级专政的革命原则。第四章的中心思想是揭露梯也尔政府玩弄反革命策略，勾结俾斯麦，残酷镇压巴黎公社的罪行，歌颂巴黎无产阶级的英勇斗争和自我牺牲精神，论述了巴黎公社与第一国际的关系，阐明了巴黎公社的历史意义。

（十八）《哥达纲领批判》

《哥达纲领批判》是马克思于 1875 年创作的政治著作，1891 年首次发表。《哥达纲领批判》是科学共产主义的重要纲领性文献之一。

19 世纪 60—70 年代，德国工人运动中存在着相互对立的两派：一派是 1863 年 5 月 23 日在莱比锡成立的全德工人联合会，即拉萨尔派，它是指导德国工人运动的政治组织，由拉萨尔任主席；另一派是于 1869 年 8 月建立的德国社会民主工党，即爱森纳赫派，其领导人主要有威廉·李卜克内西和奥古斯特·倍倍尔。爱森纳赫派和拉萨尔派在一系列理论问题和政治问题上存在着原则分歧。爱森纳赫派坚持无产阶级革命和无产阶级专政，反对普鲁士的统治等，拉萨尔派与之相反，认为“国家是公正和正义的自由意志表达，是民族精神的意识形态表现”，否认无产阶级进行经济和政治斗争的必要性，认为“直接的普选权，是改善工人等级物质条件的唯一手段”。1871 年，德国在普法战争中实现了国家统一，统一后的客观形势要求德国工人运动应该有统一的领导，因此两派克服分裂、实现联合的必要性日益突出。1875 年，爱森纳赫派和拉萨尔派经过谈判最终拟定合并的纲领草案——《德国工人党纲领》。因制定纲领时位于德国中部城市哥达，故称为《哥达纲领》。

在制定统一的新党纲时，爱森纳赫派的领导人没有利用自己相对拉萨尔派的有利地位，尤其是该派领导人李卜克内西没有听从马克思和恩格斯的劝告，因而在合并基础、合并条件等问题上放弃了自己的原则。为了做到切实捍卫科学社会主义的根本原则，清算拉萨尔主义的错误思想，使爱森纳赫派认清革命形势，马克思写下这本著作。

马克思在著作中对无产阶级实现社会主义的路径，未来新社会的发展阶段、国家制度等都做了系统阐释。主要内容包括：①提出了共产主义社会发展两个阶段及其特征的理论。②指出农民是无产阶级的可靠同盟军，强调加强无产阶级的国际主义。③阐明了工人阶级只有消灭雇佣劳动制度，才能摆脱贫困和被剥削的地位。④论述了无产阶级实现社会主义的正确途径。⑤阐述了过渡时期和无产阶级专政的理论。

附录：马克思年表

（一）少年时期

1818 年

5 月 5 日　卡尔·马克思出生于德国特里尔市。

1830 年

10 月　马克思进入特里尔中学学习。

1835 年

9 月 24 日　马克思毕业于特里尔中学，毕业考试时写了作文《青年在选择职业时的考虑》。

（二）青年前期

1835 年

10 月 15 日　马克思进入波恩大学法律系学习。

1836 年

10 月 22 日　马克思转入柏林大学法律系学习。

1837 年

4 月—8 月　马克思钻研黑格尔哲学，并参加青年黑格尔派的活动。

1839 年

1839 年初—1841 年 3 月　马克思研究古希腊哲学，撰写博士论文《德谟克利特的自然哲学和伊壁鸠鲁的自然哲学的差别》。

1841 年

3 月 30 日　马克思毕业于柏林大学。

4 月 15 日　耶拿大学授予马克思哲学博士学位证书。

1842 年

2 月—10 月　马克思撰写《评普鲁士最近的书报检查令》《关于新闻出版自由和公布省等级会议辩论情况的辩论》《关于林木盗窃法的辩论》。

10 月 15 日　马克思担任科隆《莱茵报》编辑。

11 月下半月　马克思在《莱茵报》编辑部同恩格斯初次见面。

1843 年

3 月 17 日 马克思由于普鲁士书报检查机关的迫害，退出《莱茵报》编辑部。

约 3 月中旬—9 月底　马克思撰写《黑格尔法哲学批判》。

6 月 19 日 马克思和燕妮 · 冯 · 威斯特华伦在克罗茨纳赫结婚。

（三）青年后期

1843 年

1843 年 10 月—1845 年 2 月　马克思旅居巴黎，创办《德法年鉴》杂志；撰写并发表《论犹太人问题》和《〈黑格尔法哲学批判〉导言》。

1844 年

5 月 1 日　马克思的大女儿珍妮出生。

4 月—8 月　马克思撰写《1844 年经济学哲学手稿》。

8 月底—9 月初　恩格斯从英国回德国时，绕道巴黎会见马克思。马克思和恩格斯着手合著《神圣家族》，该著 1845 年 2 月在法兰克福出版。

1845 年

1845 年 2 月—1848 年 3 月初　马克思因遭法国当局驱逐，旅居布鲁塞尔。

1845 年春天　马克思撰写《关于费尔巴哈的提纲》。

9 月 26 日　马克思的二女儿劳拉出生。

1845 年秋—1846 年 5 月　马克思和恩格斯撰写《德意志意识形态》。

1846 年

年初　马克思和恩格斯在布鲁塞尔创立共产主义通讯委员会。

1847 年

1 月—6 月 15 日　马克思撰写《哲学的贫困》，该著 1847 年 7 月在巴黎和布鲁塞尔出版。

11 月 29 日—12 月 8 日　马克思和恩格斯出席共产主义者同盟第二次代表大会。

1847 年 12 月 9 日—1848 年 1 月底　马克思和恩格斯撰写《共产党宣言》。

1848 年

3 月初　法兰西共和国临时政府邀请马克思重返巴黎。3 月 5 日马克思到达巴黎。

3月11日 共产主义者同盟新的中央委员会在巴黎成立。马克思当选中央委员会主席，在布鲁塞尔的恩格斯缺席当选中央委员会委员。

4月11日　马克思和恩格斯到达科隆，筹办《新莱茵报》。

6月1日　马克思主编的《新莱茵报》创刊号在科隆出版。

6月25日—7月1日　马克思和恩格斯撰写有关巴黎六月起义的一系列文章。

1849年

6月3日前后　马克思到达巴黎。

8月24日　马克思因受到法国当局迫害，离开巴黎前往伦敦。

8月26日前后　马克思来到伦敦，在这里一直居住到逝世。马克思到达伦敦后，着手筹办《新莱茵报·政治经济评论》，并重新组织共产主义者同盟中央委员会。

（四）中年时期

1849年底—1850年11月

马克思为《新莱茵报·政治经济评论》撰写了一组总结法国革命经验的文章《1848年至1849年》。1895年恩格斯将这些文章编成单行本出版，标题为《1848年至1850年的法兰西阶级斗争》。

1850年

3月—11月　马克思和恩格斯创办的《新莱茵报·政治经济评论》出版了六期（其中第5—6期是合刊）。该杂志发表了马克思的《1848年至1849年》和恩格斯的《德国维护帝国宪法的运动》《德国农民战争》等著作。

3月和6月 马克思和恩格斯共同起草了两篇《共产主义者同盟中央委员会告同盟书》。

9月15日 马克思和恩格斯在共产主义者同盟中央委员会会议上尖锐地批判了维利希和沙佩尔的宗派冒险主义策略。会议决定把中央委员会迁往科隆，委托科隆区部组建新的中央委员会。

1850年9月—1853年8月 马克思写了24本有关政治经济学问题的摘录笔记，即《伦敦笔记》。

1851年

8月8日 马克思写信告诉恩格斯，《纽约每日论坛报》编辑查·德纳约他为该报撰稿。马克思和恩格斯为该报撰稿持续十年以上。

约1851年12月中旬—1852年3月25日 马克思撰写《路易·波拿巴的雾月十八日》。

1852年

10月底—12月初 马克思撰写《揭露科隆共产党人案件》。

1853年

5月31日前后 马克思撰写《中国革命和欧洲革命》。

6月和7月 马克思撰写《不列颠在印度的统治》和《不列颠在印度统治的未来结果》。

1854年

8月25日—12月8日 鉴于西班牙爆发资产阶级革命，马克思撰写题为《革命的西班牙》一组文章。

1854年12月—1855年1月 马克思审阅并整理自己前几年做的政治经济学笔记。

1855 年

1 月 16 日　马克思的三女儿爱琳娜出生。

1857 年

3 月 马克思撰写《俄国的对华贸易》和《英人在华的残暴行动》。

8 月底　马克思为计划中的经济学巨著《政治经济学批判》撰写《导言》。

1857 年底—1858 年 5 月　马克思撰写《政治经济学批判（1857—1858 年手稿）》，这是《资本论》的第一个稿本。

1858 年

8 月 31 日—9 月 28 日 马克思撰写《鸦片贸易史》（两篇）、《英中条约》和《中国和英国的条约》。

1859 年

6 月 11 日　马克思的著作《政治经济学批判 · 第一分册》在柏林出版。马克思在该书序言中对唯物史观基本原理作了经典表述。

9 月和 11 月　马克思撰写《新的对华战争》和《对华贸易》。

1860 年

11 月—12 月 19 日　马克思研究自然科学，阅读达尔文的《物种起源》。

1861 年

1861 年 8 月—1863 年 7 月　马克思撰写《政治经济学批判（1861—1863 年手稿）》，这是《资本论》的第二个稿本。

1862 年

12 月 28 日　马克思写信告诉路 · 库格曼，他打算以《资本论》为标题、《政治经济学批判》为副标题出版他的经济学著作。

1863 年

1 月　马克思结束了关于剩余价值理论的主要篇章的写作。

2 月中—5 月初　马克思和恩格斯充分肯定用革命方法解决波兰问题的意义，决定以伦敦德意志工人教育协会的名义就波兰起义发表呼吁书，并撰写论述波兰人民斗争的小册子。

7 月初　马克思研究数学，特别是微分学和积分学。

1863 年 8 月—1867 年　马克思用更加系统的形式来表述他的经济学著作的理论部分，完成了《资本论》理论部分三册的新稿，并将《资本论》第一册整理付印。

1864 年

9 月 28 日　马克思出席在伦敦举行的国际工人会议。这次会议通过了成立国际工人协会（后通称第一国际）的决议。马克思当选为协会临时委员会委员。

10 月 21 日—27 日　马克思起草国际工人协会的纲领性文件——成立宣言和临时章程。临时委员会按章程被确定为协会的领导机构（后改称总委员会，1866 年 9 月 8 日以前通称中央委员会）。马克思作为德国通讯书记参加总委员会。

1865 年

1 月 24 日　马克思撰写《论蒲鲁东（给约·巴·施韦泽的信）》。

1866 年

9 月 3 日—8 日　国际工人协会日内瓦代表大会按照马克思起草的《给临时中央委员会代表的关于若干问题的指示》通过了各项主要决议，批准了以马克思起草的临时章程为基础的国际工人协会的章程和条例。马克思被代表大会选入中央委员会。

1867 年

约6月17日—27日 马克思写作《资本论》第一卷第一章的附录《价值形式》。

1867年8月下半月—1883年初 马克思继续在政治经济学和其他许多领域进行广泛研究，写作和修改《资本论》第二卷和第三卷。但因忙于领导国际工人运动、修订出版《资本论》第一卷德文第二版和法文版、研究其他领域的问题以及经常患病等原因，马克思生前未能出版《资本论》第二卷和第三卷。

9月6日 马克思被国际工人协会洛桑代表大会选入总委员会。

9月中旬 《资本论》第一卷在汉堡出版。

1868 年

1868 年春—1870 年中 马克思撰写《资本论》第二册的第Ⅱ稿。

4 月底 马克思为撰写《资本论》第三册研究利润率和剩余价值率之间的关系。

1869 年

9 月 7 日和 11 日 马克思起草的国际工人协会总委员会的报告和关于继承权的报告先后在国际工人协会巴塞尔代表大会上宣读。马克思再度当选为总委员会委员。

1870 年

7 月、9 月 马克思先后撰写国际工人协会总委员会关于普法战争的第一篇宣言、第二篇宣言。

1871 年

3 月 19 日—5 月 马克思和恩格斯仔细研究 3 月 18 日巴黎爆发革命后的局势和 3 月 28 日宣布成立的巴黎公社的材料，同公社社员建立联系，并在有关内外政策的各种问题上向公社提供建议。马克思和恩格斯动员各国工人声援巴黎公社，致信国际工人协会各支部，呼吁对公社给予支持。

4 月 18 日—5 月底　马克思受国际工人协会总委员会委托，撰写关于法兰西内战的宣言。

5 月 30 日　马克思在国际工人协会总委员会会议上宣读他起草的宣言——《法兰西内战》，并经总委员会一致通过。

9 月 17 日—23 日　马克思和恩格斯领导国际工人协会伦敦代表会议的工作。

1872 年

6 月 24 日　马克思和恩格斯为《共产党宣言》1872 年德文版撰写序言。

1872 年 7 月—1873 年 5 月　《资本论》第一卷德文第二版陆续分册出版。1873 年 5 月底 6 月初，各分册合成一卷出版。

9 月 2 日—7 日　马克思和恩格斯领导国际工人协会海牙代表大会的工作，挫败了巴枯宁派的分裂阴谋。

1873 年

4 月—7 月　马克思和恩格斯撰写《社会主义民主同盟和国际工人协会》。

1874 年

1874 年—1875 年初　马克思对巴枯宁的《国家制度和无政府状态》一书作了摘要，并写了批判性评注。

1875 年

5 月 5 日　马克思写信给威·白拉克，随信寄去《德国工人党纲领批注》（后来通称《哥达纲领批判》）。

1876 年

5 月 24 日—26 日　马克思和恩格斯鉴于德国小资产阶级社会主义者欧·杜林的思想对德国社会主义工人党的危害日益严重，商讨开展对杜林思想的批判。

（五）老年时期

1877 年

3 月 5 日　马克思把他为《反杜林论》第二编第十章写的手稿《评杜林〈国民经济学批判史〉》寄给恩格斯。

1878 年

1878 年—1882 年　马克思钻研代数学，写了大量札记，还写了微分学简史。

1879 年

1879 年秋—1880 年夏　马克思阅读柯瓦列夫斯基的著作《公社土地占有制，其解体的原因、进程和结果》，并作了详细笔记。

1880 年

5 月 10 日前后　马克思和恩格斯应保·拉法格和茹·盖得的请求，帮助制定法国工人党纲领。马克思口授了法国工人党纲领导言，即纲领的理论部分。

1881 年

12 月 2 日　马克思夫人燕妮·马克思在伦敦逝世。

约 1881 年底—1882 年底　马克思研究世界通史，作了编年摘录（通称《历史学笔记》）。

1882 年

1 月 21 日　马克思和恩格斯为格·瓦·普列汉诺夫翻译的《共产党宣言》俄译本撰写序言。

1882 年秋—1883 年 1 月初　马克思为出版《资本论》第一卷德文第三版做修订准备工作。

1883 年

3 月 14 日　卡尔·马克思在伦敦逝世。

参考文献

[1] 马克思，恩格斯 . 马克思恩格斯全集（第 1 版）（第 1–50 卷）[M]. 北京 : 人民出版社，2016.

[2] 习近平著作选读（第一卷）（第二卷）[M]. 北京 : 人民出版社，2023.

[3] 马克思恩格斯选集 [M]. 北京 : 人民出版社，2013.

[4] 毛泽东选集 [M]. 北京 : 人民出版社，1991.

[5] 毛泽东年谱 [M]. 北京 : 中央文献出版社，2013.

[6] 中共中央宣传部 . 习近平新时代中国特色社会主义思想学习纲要（2023 年版）[M]. 北京 : 学习出版社，2023.

[7] 孙熙国 , 艾四林 . 马克思主义与中华优秀传统文化相结合十讲 [M]. 北京 : 研究出版社，2023.

[8] 中共中央党校（国家行政学院）. 习近平新时代中国特色社会主义思想基本问题 [M]. 北京 : 中共中央党校出版社，2020.

[9] 张光明，罗传芳 . 马克思传 [M]. 四川 : 天地出版社，2018.

[10] 戴维 · 麦克莱伦 . 马克思传（第 4 版）[M]. 北京 : 中国人民大学出版社，2016.

[11] 吴晓明 . 马克思早期思想的逻辑发展 [M]. 上海 : 上海人民出版社，2022.

[12] 孙伯鍨，张一兵 . 走进马克思 [M]. 江苏 : 江苏人民出版社，

2020.

[13] 孙正聿 . 马克思主义基础理论研究（上、下册）[M]. 北京 : 北京师范大学出版社，2020.

[14] 中央编译局 . 马克思画传：马克思诞辰 200 周年纪念版 [M]. 重庆 : 重庆出版社，2018.

[15] 冯景源 . 马克思的故事 [M]. 北京：光明日报出版社，2022.

[16] 龚云 . 马克思的朋友圈 [M]. 北京：人民出版社，2023.

[17] 董振华 . 问道马克思：为什么信仰马克思主义 [M]. 南宁 : 广西人民出版社，2021.

[18] 马克思主义基本原理概论（2013 年修订版）[M]. 北京 : 高等教育出版社，2013.

[19]威・白拉克.人民历书（恩格斯写的传记《卡尔・马克思》）[M].德国：不伦瑞克出版，1878.

[20]《马克思主义哲学史》编写组.马克思主义哲学史（上）[M]. 福州：福建人民出版社，1984.

[21] 天津市社会科学界联合会 , 中共中央编译局马恩室 . 马克思恩格斯学说集要（上）[M]. 天津：天津人民出版社，1995.

[22] 中共中央党校 . 马列著作毛泽东著作选读・哲学部分 [M]. 北京：人民出版社，1978.

[23] 中共广东省委宣传部 . 马列著作和毛泽东著作选读哲学部分 [M]. 广州：中共广东省委宣传部 1977.

[24] 本书编委会 . 迎接历史新纪元——十四大后的中国 [M]. 北京：北京师范大学出版社，1992.

[25] 中国人民解放军政治学院哲学教研室 . 马列部分哲学著作注释

[M]. 北京：中国人民解放军政治学院哲学教研室，1979.

[26]牡丹江师范学院马列主义教研室哲学教研组.马克思恩格斯列宁斯大林毛泽东论哲学[M].牡丹江：牡丹江师范学院马克思主义学院，1974.

[27] 中国大百科全书出版编辑部 . 科学社会主义百科全书 [M]. 北京:知识出版社，1993.

[28] 中山大学哲学系 . 马克思主义哲学史稿 [M]. 北京：人民出版社，1981.

[29] 陈先达 . 陈先达讲马克思主义经典著作(图文导读版)[M]. 北京:东方出版社，2022.

[30] 蒋锡金 . 文史哲学习辞典 [M]. 长春：吉林文史出版社，1990.

[31] 徐光春 . 马克思主义大辞典 [M]. 武汉：崇文书局，2018.

[32] 张光明 , 罗传芳 . 马克思传 [M]. 成都：天地出版社，2018.

[33] 朱亦一 . 马克思主义的产生、实践与发展 [M]. 北京：中共中央党校出版社，2020.

[34] 王灵桂 , 蔡秋实 . 德国 9 人传 [M]. 北京：华文出版社，2021.

[35] 马克思恩格斯列宁斯大林著作编译局 . 马克思恩格斯文集资料汇编 [M]. 北京：人民出版社，2011.

[36] 葛霖杉，王为全 . 马克思主义自然观的代表作《 自然辩证法 》解读 [M]. 北京：现代出版社，2016.

[37] 许庆龙，劳斌 . 世界名人经典故事——恩格斯 [M]. 通辽：内蒙古少年儿童出版社，2003.

[38] 朱庭光 , 李显荣 . 外国历史名人传（ 近代部分 中 ）[M]. 北京：中国社会科学出版社；重庆：重庆出版社，1982.

[39] 肖鹏 . 马克思的 20 个瞬间 [M]. 上海：上海人民出版社，2018.

[40] 彼 · 费多谢耶夫 .《卡尔 · 马克思》[M]. 北京：生活 · 读书 · 新知三联书店，1980.

[41]《“成功男人”的背后：马克思的四个女秘书》[N]. 内蒙古：内蒙古晨报，2012.

[42] 李玉辉 . 高中政治基础知识强化手册 [M]. 沈阳：沈阳出版社，2011.

[43] 人民出版社 . 马克思恩格斯列宁哲学经典著作导读 [M]. 北京：人民出版社，2012.

[44] 马克思恩格斯列宁历史理论经典著作导读编写组 . 马克思恩格斯列宁历史理论经典著作导读第 2 版 [M]. 北京：人民出版社，2012.

[45]《马克思恩格斯列宁哲学经典导读》编写组 . 马克思主义理论研究和建设工程重点教材马克思恩格斯列宁哲学经典著作导读第 2 版 [M]. 北京：人民出版社，2020.

[46] 中央党校教务部 . 马列著作选编导读 [M]. 北京：中共中央党校出版社，2012.

[47] 中国中共文献研究会 . 毛泽东读书集成第 1 卷 [M]. 北京：中央文献出版社，2013.

[48] 中国大百科全书总编辑委员会 . 中国大百科全书 经济学 Ⅰ—Ⅲ [M]. 北京：中国大百科全书出版社，1988.

[49] 人民日报海外版“学习小组”. 学习经典 [M]. 北京：人民出版社，2019.

[50] 中共四川省委第二党校 . 学习《马克思主义经典著作选读》参考资料 .

[51] 辽宁省委宣传部，辽宁省委讲师团“理论宣讲学”课题组 . 理论宣讲学 [M]. 沈阳：辽宁人民出版社，2013.

[52] 中国大百科全书出版社编辑部 . 中国大百科全书简明版 [M]. 北京：中国大百科全书出版社，1996.

[53] 湖北辞书出版社 . 常用百科辞典 [M]. 武汉：湖北辞书出版社，1991.

[54] 中国大百科全书出版社编辑部 . 中国大百科全书简明版 1–11 册 [M]. 北京：中国大百科全书出版社，1991.

[55] 中国大百科全书总编辑委员会《外国历史》编辑委员会，中国大百科全书出版社编辑部 . 中国大百科全书 外国历史(1–2)[M]. 北京: 中国大百科全书出版社，1990.

[56] 中国大百科全书总编辑委员会 . 中国大百科全书外国历史 2[M]. 北京：中国大百科全书出版社，1998.

[57]《中国大百科全书》总编委会 . 中国大百科全书 15[M]. 北京：中国大百科全书出版社，2009.

[58] 中国人民解放军南京军区政治部宣传部 . 坚持马列主义毛泽东思想 [M]. 北京：中国人民解放军战士出版社，1981.

[59] 辞海编辑委员会 . 辞海下 1999 年版普及本 [M]. 上海：上海辞书出版社，1999.

[60] 中共中央宣传部理论局 . 共产主义实践与共产主义教育 [M]. 北京：中共中央党校出版社，1983.

[61] 人民日报评论部 . 习近平用典第 3 辑马克思主义经典篇 [M]. 北京：人民日报出版社，2020.

[62] 中央编译局 . 马克思画传 [M]. 上海：华东师范大学出版社，

2005.

[63]《精讲精练》编写组 . 精讲精练高中语文选修中外传记作品选读人教版宁夏专版 [M]. 银川：宁夏人民教育出版社，2015.

[64] 中国梦求是路 [N]. 北京：中国教育报，2014.

[65] 退役军人事务部 . 中国退役军人事务年鉴 2019[M]. 北京：科学技术文献出版，2019.

[66]《十九大以来重要文献选编》编写组 . 十九大以来重要文献选编上 [M]. 北京：中央文献出版社，2019.

[67]《学术研究》编辑部 . 广东哲学学会 1978 年年会论文选 [M]. 广州：广东人民出版社，1980.

[68] 复旦大学当代国外马克思主义研究中心 . 当代国外马克思主义评论 9[M]. 北京：人民出版社，2011.

[69]《两学一做专题解读》编写组 . 两学一做专题解读 [M]. 北京：台海出版社，2016.

[70] 唐宏站，谢博雨 . 科学社会主义、人民共和与世界“大同”：从马克思的社会理想反观“中国梦”[J]. 山东青年政治学院学报，2013.

[71]《选聘高校毕业生面向基层工作考试辅导》编写组 . 选聘高校毕业生面向基层工作考试辅导 [M]. 北京：红旗出版社，2009.

[72] 公务员录用考试教材编写中心 . 常识判断专项通关宝典 [M]. 北京：人民日报出版社，2008.

[73] 公务员录用考试教材编写中心 . 公共基础知识 [M]. 北京：人民日报出版社，2008.

[74]《社会主义核心价值观学习读本》编写组 . 社会主义核心价值观学习读本 [M]. 北京：新华出版社，2013.

[75] 中国社会科学院新闻研究所 . 马克思新闻思想研究论文集 [M]. 北京：人民日报出版社，1983.

[76] 国家教委思想政治工作司组 . 中国共产党思想政治工作史 [M]. 北京：红旗出版社，1995.

[77] 中共中央马克思恩格斯列宁斯大林著作译局 . 马克思恩格斯选集 1[M]. 北京：人民出版社，2012.

[78] 辽宁广播电视大学编辑部 . 全国各类成人高考理工科复习丛书 [M]. 沈阳：辽宁人民出版社，1989.

[79] 甘肃省干部中专教材编审委员会 . 政治经济学 [M]. 兰州：甘肃人民出版社，1987.

[80] 七省区八院校教材编写组 . 科学社会主义自学指导 [M]. 广州：广东高等教育出版社，1986.

[81] 本书编写组 . 马克思的壮丽人生真理的力量纪念马克思诞辰 200 周年主题展览 [M]. 北京：中央编译出版社，2019.

[82] 中共中央马克思恩格斯列宁斯大林著作编译局 .[M]. 北京：中央编译出版社，2012.

后 记

渤海之滨，黄河之州，金秋时节，硕果飘香。在这收获的季节，在作者及相关部门的共同努力下，经过近一年的筹划，在滨州市党校系统广大理论工作者及广大师生、滨州市社会科学工作者的共同期盼中，《庶民的思维——马克思生平及社会理想》一书，终于正式出版发行。

在完成图书的写作之后，我们深感欣慰。该书的策划、编辑、出版，是我们长期从事马克思主义理论教学、理论研究的结果，是在教与学的过程中，不断积累和梳理的结果。我们试图从源头上探索伟大导师马克思的生活、学习、研究及奋斗的历程，以便让更多的读者了解马克思其人、其事、其书，特别是马克思的思维方式和理论成果，给人以启迪、教育和帮助。

在此，我愿意与读者分享我们在写作过程中的一些感悟和思考。

习近平总书记在二十届中央政治局第六次集体学习时指出，“我们推进理论创新是实践基础上的理论创新，而不是坐在象牙塔内的空想，必须坚持在实践中发现真理、发展真理，用实践来实现真理、检验真理”。必须勇于结合新的实践不断推进理论创新、善于用新的理论指导新的实践，让当代中国马克思主义、21 世纪马克思主义展现出更为强大、更有说服力的真理力量。

重视学习、善于学习，是人生成长之梯、政党巩固之基、国家兴盛之要。马克思的智慧、马克思主义的伟大真理性，是人类宝贵精神财富。学习马克思，就需要我们去审视和探索发展的科学依据，运用马克思给我们提供的思维方法，高瞻远瞩布局工作，实现人事配置、资源管理、成果分配向好、向优迈进，推动人尽其才，物尽其用。

学习马克思可以帮助我们了解资本主义、社会主义和共产主义等社会形态的本质和规律，以及人类社会发展的历史和趋势。通过学习马克思，我们可以掌握一种分析和解决社会问题的科学方法，提高自己的理论水平和实践能力。“学思践悟”是一个不断循环的过程，它可以帮助人们不断拓展自己的知识领域，提高自己的实践能力和思想境界。通过这种方式，人们可以更好地适应不断变化的社会环境，实现自己的人生价值。

希望读者能通过本书保持开放的心态，接受思想和知识，将所学知识应用到实际生活中，通过思考和实践来加深对知识的理解和掌握。在此基础上，大家通过实践来检验所学知识的可行性和有效性，并不断调整和完善自己的实践策略，对所学知识进行深入研究和探索，以便更好地掌握其中的精髓和要义。

在完成这本书的写作之后，我们深深地感到，马克思的思想体系和他的生平，是如此深刻地影响了我们，使我们重新审视和理解了人类社会的发展和历史的进程。我们试图通过这本书，揭示马克思的思想对社会变革和进步的影响，以及他在我们现代社会中的重要性。我们首先会被马克思的生平所深深吸引。他的一生充满了艰辛和挫折，但他始终坚持自己的信仰和理念，不畏困难，勇往直前。他的这种精神，让我们深受鼓舞。他不仅是一位伟大的哲学家和经济学家，更是一位具有坚定信念的社会活动家。他的思想不仅改变了 19 世纪的世界格局，而且深刻地影响了 20 世纪的历史进程。在阅读马克思的著作时，我们深深地被他的思想深度和广度所震撼。他深刻地理解了人类社会的本质和历史的进程，提出了许多具有深远影响的理论和观点。他的思想不仅揭示了资本主义制度的内在矛盾和阶级斗争，而且提出了解决这些问题的途径和方案。他的这种思想体系，不仅在当时具有强烈的革命性，而且在今天仍然具有重要的现实意义。

在写作这本书的过程中，我们试图将马克思的思想与现代社会的现实相结合。我们分析了马克思的思想体系，探讨了它对现代社会的影响和应用。我们深入研究了马克思的经济理论、阶级斗争理论、社会主义理论等重要思想，以及它们在现代社会中的体现和应用。我们发现，马克思的思想不仅是我们理解现代社会的重要工具，而且是我们思考和解决现代社会问题的理论基础。

我们希望通过这本书的写作，能够激发更多的人去阅读和理解马克思的著作，去探索和理解他的思想体系对社会变革和进步的影响和价值。

总的来说，《庶民的思维——马克思生平及社会理想》一书的写作过程对我们来说是一次深刻的思考和学习过程。在这个过程中，我们深入研究了马克思的思想体系和他的生平事迹，深刻理解了他的思想对社会变革和进步的影响和价值。相信这部书，能够成为新时代马克思主义研究的好读本，好教材。

需要特别强调的是，在图书编写过程中，学习和参考了不少书籍和资料，有的标明了参考文献，有的未标参考文献。感谢所有为本书出版付出努力的人，包括编辑、校对人员以及给予我支持和帮助的朋友们。没有你们的支持，本书不可能顺利出版。希望读者能够喜欢这本书，并在阅读中获得启示和收获。

这本书的出版并非终点，而是新的起点。研究马克思的生平及科学思维是一个永恒的课题，需要我们不断地学习、实践和创新。我们相信，在未来的日子里，随着社会的发展和科学的进步，我们会对马克思的思想有更深入的理解和应用，为人类社会的进步和发展作出更大的贡献。

在本书的写作中，我们力求客观、准确地阐述马克思的生平和思想。但毕竟作者能力有限，书中可能存在不足之处。欢迎广大读者提出宝贵的意见和建议，我们将继续努力改进和完善我们的研究，以期再版时有所进步和提升。

编者

2023 年 11 月